자살 사별자 상담을 위한

애도 상담 워크북

자살 사별자 상담을 위한

애도 상담 워크북

2025년 9월 5일 초판 1쇄 찍음
2025년 9월 19일 초판 1쇄 펴냄

지은이 이혜지 · 고효경 · 정지연 · 강영신 지음

책임편집 박훈
편집 김천희 · 엄귀영 · 김찬호 · 정지현
디자인 김진운
마케팅 유명원

펴낸이 윤철호
펴낸곳 ㈜사회평론아카데미
등록번호 2013-000247(2013년 8월 23일)
전화 02-326-1545
팩스 02-326-1626
주소 03993 서울특별시 마포구 월드컵북로6길 56
이메일 academy@sapyoung.com
홈페이지 www.sapyoung.com

ISBN 979-11-6707-195-8 93180

자살 사별자 상담을 위한

애도 상담 워크북

이혜지 · 고효경 · 정지연 · 강영신 지음

사회평론아카데미

서문

**"애도는 잊는 것이 아니라,
다른 방식으로 살아가고 사랑하는 법을
배우는 과정입니다."**

사랑하는 사람의 자살은 남겨진 이들에게 말할 수 없는 충격과 고통을 안겨 줍니다. 그 상실은 단순한 이별이 아니라, 남겨진 삶의 의미마저 흔들리게 합니다. 우리는 자살 유가족이 겪는 애도가 일반적인 애도와는 또 다른 복합성과 깊이를 지닌다는 것을 경험해 왔습니다. 또한, 자칫하면 오랫동안 고립되고 응어리진 감정 속에 머물게 되는 경우를 자주 마주해 왔습니다. 이 책은 그런 분들에게 조금 더 가까이 다가가고자 하는 진심에서 시작되었습니다. 자살 유가족의 슬픔을 이해하고, 그 슬픔이 표현되고 공감받을 수 있도록, 나아가 삶 속에서 통합되도록 돕는 애도 상담의 실제를 담았습니다. 단순한 이론서가 아니라, 실제 상담 장면에서 유가족을 만나는 전문가들이 즉시 활용할 수 있도록 워크북 형태로 구성하였습니다.

이 책의 특징은 생애주기별 접근에 있습니다. 성인의 애도와 아동·청소년의 애도는 그 양상과 필요한 개입이 다르기 때문에, 각 발달 단계에 맞는 구체적인 상담 기술을 제시했습니다. 또한 가족 체계 관점에서 애도를 이해하고, 가족구성원 모두가 건강한 애도를 할 수 있도록 돕는 방안도 상세히 다루었습니다. 이 책은 총 5장에 걸쳐 애도에 대한 이론적 이해에서부터 애도 평가, 사례개념화, 상담 전략, 그리고 아동·청소년을 위한 개입까지 상담자의 손에 쥐어지는 실질적인 도움을 제공합니다. 특히 자살이라는 복잡하고 낙인화된 죽음을 경험한 유가족이 마주하는 애도 과정을 섬세하게 비추었으며, 상담자의 준비와 태도, 문화적 민감성, 애도 상담의 도구 활용, 가족과의 만남 등 구체적이고 실제적인 내용을 담았습니다.

애도는 속히 극복해야 할 문제가 아니라, 고인과의 관계를 새로운 방식으로 지속하고, 그 아픔을 삶 속에서 자기만의 방식으로 통합해 나가는 과정입니다. 따라서 상담자의 역할은 '내담자를 고인, 그리고 상실로부터 벗어나 앞으로 나아가게 하는 것'이 아니라, '내담자가 있는 자리에 함께 머물며 애도의 보폭을 맞추는 것'이라 믿습니다. 이 책은 바로 그런 동반자의 마음으로 기획되고 쓰였습니다.

이 책이 탄생하기까지 함께해 주신 모든 분들께 깊은 감사를 드립니다. 긴 시간 애도의 언어를 함께 찾아 주고, 애도 개입 영역을 탄탄하게 구성하며, 평가 도구 및 사례개념화 영역에서 실천적 통찰을 나누어 주신 공동 저자들께 진심으로 고마움을 전합니다. 기획과 집필을 지원해 주신 사회평론아카데미와 꼼꼼한 편집으로 큰 도움을 주신 박훈 선생님께도 마음을 담아 감사의 인사를 전합니다. 그리고 자신의 아픈 경험을 나누며 우리에게 소중한 가르침을 주신 모든 내담자들께 마음 깊은 존경과 감사를 표합니다.

상실 이후에도 삶은 여전히 이어집니다. 삶의 여정의 일부인 애도는 결코 혼자 감당해야 할 짐이 아닙니다. 적절한 지지와 전문적인 도움이 있다면, 가장 어두운 상실의 순간에서도 다시 삶의 의미를 찾고 앞으로 나아갈 수 있습니다. 이 책이 누군가의 아픔에 작은 빛이 되기를, 그리고 그 곁을 지키는 상담자들에게 따뜻한 안내서가 되기를 진심으로 바랍니다.

2025년 8월

저자 대표 이혜지 드림

차례

1장

애도 상담 준비

1 애도 이해

상담자는 애도와 애도 반응에 관한 전반적인 이론과 실제에 관한 지식을 숙지하고 있어야 한다. 먼저, 애도를 한다는 것은 상실 경험이 선행되었음을 뜻하기도 한다. 따라서 이 장에서는 먼저 상실에 관한 정의 및 개념과 애도 관련 용어를 살펴보고, 다양한 애도 반응과 이에 영향을 미치는 요인, 애도 과제에 관한 기본 개념을 다룬다. 그런 다음 병리적 애도에 해당하는 복합 애도 관련 요인을 정리하여 제시하고, 이러한 애도 관련 개념을 바탕으로 자살 사별자의 애도 경험이 복잡해지는 과정과 이유 등을 살펴볼 것이다.

상실과 애도

소중한 대상과 이별 또는 사별할 때, 신체적인 기능이나 중요한 물건을 잃게 되었을 때 우리는 그 사람 또는 그것을 '상실(loss)'했다고 한다. 애도(grief)는 이러한 상실의 아픔을 정서, 신체, 인지, 행동 반응으로 표현하는 상태이다.

우리가 무언가를 상실했을 때 느끼는 가장 대표적인 감정은 슬픔이라고 할 수 있다. 상실로 인한 슬픔은 삶에서 겪는 다양한 변화의 시기마다, 발달 단계마다, 개인적으로 의미를 부여하는 상황마다 경험되곤 한다. 예를 들면, 자살로 인한 상실을 겪은 이는 이후 생일, 졸업, 결혼, 출산, 승진 등 일상의 주요 사건 속에서 슬픔을 느끼곤 한다. 상실로 인한 혼란과 변화는 개인에게 고통을 안겨 주고, 생각, 감정, 행동에도 지속적인 영향을 미친다. 이는 개인마다 고유한 의미와 경험으로 다가오며, 각 개인은 애도 과정에서 이를 자신만의 방식으로 표현하게 된다.

워든은 애도를 "죽은 사람으로부터 분리되어 상실에 적응해 가는 과정"이라고 정의했다. 워든의 정의는 애도의 본질을 잘 설명한다(Worden, 1991). 이에 따르면, 애도란 단순히 슬픔을 느끼거나 고인과의 관계를 완전히 정리하는 것이 아니라, 죽은 사람과의 관계를 재조정하고 상실의 현실에 적응해 나가는 복잡한 과정이다. 이 과정에서 개인은 고인과의 추억과 경험을 다시 해석하고, 고인의 부재에 적응하기 위한 새로운 삶의 방식을 찾아야 한다. 따라서 애도는 감정적인 반응뿐 아니라 인지적·행동적 변화를 포함하며, 상실의 고통을 통합하여 새로운 정체성을 형성하는 데 중요한 역할을 한다. 궁극적으로, 애도는 상실을 극복하는 단순한 과정이 아니라, 고인과의 관계를 내면화하고 지속하면서도 상실의 아픔 속에서 새로운 삶의 의미를 찾아가는 과정이라 할 수 있다.

애도 반응

애도는 상실에 대한 자연스러운 반응이다. 이는 정서적 반응뿐 아니라 인지적/지적, 행동적/사회적, 신체적, 영적 반응으로 나타날 수 있다. 이러한 반응들은 여러 영역에 걸쳐 다양한 양상으로 표현될 수 있으며, 특정한 영역에서 개별적 반응으로 나타나기도 한다. 각 영역에서 대표적인 애도 반응은 다음과 같다.

- **정서적 반응**: 슬픔, 충격, 고인에 대한 또는 고인이 자신을 떠난 것에 대한 분노, 자신은 살아 있다는 생존자 죄책감(survivor's guilt), 무감각, 무력감, 정신이 나간 듯한 느낌, 고독감, 안도감, 짜증, 우울, 두려움, 후회감, 해방감 등
- **인지적/지적 반응**: 혼란스러움('사실인지 아닌지 모르겠다'), 고통스러운 생각의 침입, 집중력 및 기억력 저하, 학습 능력 저하, 의사결정 곤란, 의미 혹은 목적 상실, 자기 비난, 자존감 저하, 고인에 대한 집착, 타인에 대한 불신, 수동적 자살 사고 등
- **행동적/사회적 반응**: 고인이 나오는 꿈, 고통스러운 감정을 불러일으키는

장소나 사물 회피, 사회적 철수, 한숨, 안절부절못함, 매달리기/의존, 탐색 행동, 울기 등

- 신체적 반응: 뱃속이 텅 비어 있는 듯한 느낌, 가슴이나 목이 조이는 느낌, 근력의 약화, 에너지 저하 및 피곤, 입 마름, 불면증, 소화 문제, 면역 저하, 식욕 부진 등
- 영적 반응: '왜'라는 질문에 대한 답 찾기, 신에 대한 원망이나 분노, 감정에 대한 죄책감, 영적 지도자와 종교 공동체에 대한 실망, 사후 세계에 대한 의문, 정의 및 용서에 대한 의문 등

애도 반응에 영향을 미치는 요인

애도 반응은 다양한 개인적·환경적 요인의 영향을 받는다. 애도를 경험하는 사람의 심리적 상태나 성격적 특성, 상실이 일어난 맥락은 애도 방식과 깊이에 중요한 역할을 한다. 이를테면, 갑작스럽게 발생한 죽음이나 부당하고 참혹한 죽음은 수용할 수 있는 죽음과는 전혀 다른 애도 반응을 초래할 수 있다. 이처럼 각 요인이 상호작용하며 애도 경험에 영향을 미쳐, 각자의 애도 반응은 다양하고 복합적인 양상을 보이게 된다.

- 심리적 요인: 고인과 사별자의 관계 특성, 애착 강도, 고인과 사별자가 각각 맡았던 역할 등
- 성격적 특성: 스트레스 상황에 대한 사별자의 대처 방식, 개인 내적 특성(자존감, 회복탄력성, 자기정체성, 적절한 대처 기술 소유 등), 대인관계 특성(의존성, 회피성, 공격성, 관계 형성 정도 등) 등
- 발생 맥락: 과거의 또 다른 고통스러운 상실 경험, 죽음이 발생한 방식(자연사, 사고, 자살 등)과 시의성(아동기 또는 노년기 죽음, 갑작스러운 또는 예상 가능한 죽음), 다른 스트레스원의 공존 여부, 가용한 사회적 지지 유무 등

애도 과제

워든은 사별 이후 다음 4가지 애도 과제를 거쳤을 때 비교적 적응적인 일상을 꾸려 나갈 수 있다고 본다(Worden, 2009).

① **상실의 현실을 받아들이기**: 고인의 죽음을 지적으로 인식한 뒤, 이를 감정적으로 수용하는 과정이다. 상실은 고인의 흔적이 사라진 일상에서 서서히 실감된다. 상실을 받아들이기 위해서는 장례와 같은 실제 의식이나 일상에서 고인의 부재를 점차 마주하는 일련의 경험이 필요하다. 이러한 과정은 죽음이 가져오는 충격을 점진적으로 완화하여, 사별자가 비로소 현실을 수용할 수 있도록 돕는다.

② **슬픔을 다루기**: 슬픔은 다양한 형태로 나타날 수 있으며, 이는 시간에 따라 감정적, 인지적, 사회적, 신체적, 영적 영역에서 경험된다. 이 단계에서는 고통을 억누르게 하는 것보다, 고통을 충분히 경험하며 적절하게 표현할 수 있는 환경을 제공하는 것이 중요하다. "이제 그만 잊어라", "강해져야지"와 같이 고통을 다루지 않고 떨쳐 내도록 하는 말은 바람직하지 않다. 슬픔을 공유하는 지지 자원(예: 가족, 친구, 종교 지도자)이나 심리상담을 통해 자연스러운 감정을 표현하고 이를 건강하게 해소할 기회를 가질 수 있도록 해야 한다. 이러한 과정을 통해 애도의 고통을 자신만의 속도로 소화하는 것이 필요하다.

③ **고인이 없는 세상에 적응하기**: 고인의 부재로 인해 새롭게 떠안게 된 역할과 책임에 적응해야 한다. 외적 적응은 경제적 부담이나 생활 관리와 같은 현실적 과제를 의미하며, 내적 적응은 고인과의 관계 속에서 형성된 자아를 재구성하는 과정이다. 또한 사별자는 영적인 적응 차원에서 삶의 의미와 신념에 대해 깊이 고민하게 되는데, 이는 기존의 가치관에 변화를 주는 기회로 작용할 수 있다.

④ 새로운 일상을 지내며 고인과의 지속적인 연결 찾기: 고인을 잊기보다는 그와의 추억을 새로운 삶 속에 통합하는 과정이다. 이는 고인을 소중히 기억하면서도 현재의 삶을 온전히 살아가는 균형을 찾는 것을 의미한다. 종종 고인과의 관계를 영원히 간직하기 위해 그와 관련된 기념 활동을 이어가거나 고인이 남긴 긍정적인 영향을 자신의 삶에 반영함으로써, 마음속에서 고인과 계속 연결된 상태를 유지하게 된다.

복합 애도

갑작스럽게 혹은 예측하지 않은 상황에서 상실을 경험할 경우에는 일반적인 애도 과제를 시작하기 어려울 수 있다. 일반적인 애도 과제를 수행할 수 있는 능력을 방해하거나 손상할 만한 죽음과 관련한 애도를 복합 애도(complicated grief)라고 하며, 이를 외상적 애도, 미해결된 애도, 부적응적 애도, 비정상적 애도 등으로 칭하기도 한다. 복합 애도를 경험할 경우, 애도 진행이 일시적으로 중단되거나 극심한 고통을 오래(12개월 이상) 겪을 수 있다. 복합 애도가 오래 지속되면 일반적인 애도 과제를 향해 나아가지 못한 채 압도되거나 비통한 상태로 남아 있게 된다. 복합 애도에는 다음과 같은 유형이 있다.

① 억제된 애도(inhibited grief): 애도 과정에서 자연스럽게 나타날 수 있는 정상적인 반응을 억제하는 것을 말한다. 애도 과제를 시작하는 것 자체가 개인적으로 지극히 괴롭거나, 애도에 대한 주변의 반응이 부정적이거나, 전문가 또는 사회적 자원의 적절한 개입이 결여된 경우, 대부분 억제된 애도를 경험하게 된다.

② 지연된 애도(delayed grief): 사별자가 현재 상실을 처리할 수 없는 상태에 놓여 있어 애도를 지연시키는 것을 말한다. 주변인들이 마치 사별이 일어나지 않은 것처럼 말하고 행동하거나, 사별 경험이 큰 관심 주제가 아니

라는 듯이 여길 때 지연된 애도를 경험할 가능성이 높다.

③ 갈등적 애도(conflicted grief): 애도 과정에서 나타나는 한쪽의 감정은 과장하고, 다른 쪽은 억압하는 것을 말한다. 예를 들어, 고인에 대한 긍정적인 기억 위주로 생각하고 이야기하며 그리움과 갈망의 감정은 절절히 느끼고, 여전히 고인이 언제 어디서라도 나타날 것이라 여기는 반면, 죽음 사실과 고인의 부재를 수용하는 것은 지속적으로 억압할 수 있다.

④ 예상치 못한 애도(unanticipated grief): 예상치 못하게 발생한 상실로 인해 상실에 대해 이해하지 못하는 상태가 지속되는 것을 말한다. 자살과 같이 충동적이고 갑작스럽게 일어나는 상실의 경우, '이 상실이 도대체 무엇인가'라는 물음이 지속될 수 있다. 한편, 이 질문을 정확히 어떤 대상에게, 어떤 구체적인 말로, 언제 어떻게 전해야 할지 모른 채 황망감에 휩싸여 있는 상태를 경험할 수 있다.

⑤ 박탈된 애도(disenfranchised grief): 상실을 공적으로 인정받지 못하거나 공개적으로 애도하지 못하는 등, 사회적으로 지지받을 수 없는 상황에서 경험하는 애도를 말한다. 예를 들어, 사망한 사람과의 관계가 주변에서 인정받지 못하거나 낙인화할 수 있는 경우(예: 동성 연인), 그에 대한 애도 또한 지지나 인정을 받을 수 없게 된다.

⑥ 단축된 애도(abbreviated grief): 복합 애도의 6가지 유형 중에서는 비교적 일반적인 애도 경험 중 하나로, 상실한 대상에 대한 애착이 빠르게 다른 대상으로 대체됨에 따라 애도 과정이 단축되는 것을 말한다. 예를 들어, 어머니와 사별한 자녀가 상실의 슬픔을 아버지 또는 형제자매와 비교적 개방적으로 나눌 수 있거나, 어머니가 생전에 하던 역할을 아버지나 형제자매, 친지들이 적극적으로 대신할 수 있다면 단축된 애도를 경험할 수 있다.

복합 애도에 영향을 미치는 요인

복합 애도는 여러 요인이 얽혀 애도 과정이 장기화되거나 복잡하게 진행되는 상태로, 단순한 슬픔을 넘어 깊고 지속적인 심리적 고통을 유발할 수 있다. 이러한 복합 애도는 개인의 심리적 요인, 사건의 상황적 특성, 사회적 환경 등 다양한 요소가 상호작용하면서 심화된다.

- 심리적 요인: 고인에 대한 극심한 양가감정, 고인에 대한 높은 의존성, 애도 감정을 회피하는 경향성 등
- 상황적 요인: 상실의 불확실성(예: 실종), 다수의 죽음이 발생한 상황(예: 재난 혹은 테러 참사), 과거 가족원 또는 중요한 인물과 사별한 이력 등
- 사회적 요인: 사회적으로 목소리를 낼 수 없는 경우, 사회적으로 부정당하는 경우, 사회적 지지망이 없는 경우 등

자살 사별자의 애도 경험

자살 사별자(또는 자살 생존자)는 자살로 인해 사별을 경험한 사람들을 가리키는 말이다. 대부분의 경우, 자살은 갑작스럽고 예상할 수 없는 사건이다. 자살 사별자는 이렇게 갑작스럽고 예기치 못한 죽음을 마주하며 다음과 같이 혼자서 감당하기 어려운 경험을 겪게 된다.

- 자살이라는 갑작스러운 죽음의 충격에 압도되어, 극도의 스트레스에 대처하는 능력이 감소한다.
- 사별자가 가졌던 세상에 대한 가정(예: '세상은 안전하다', '내가 노력하면 좋은 일이 생긴다')이 완전히 무너졌음을 느낀다.
- 상실을 받아들이기 매우 어려워한다.

- 고인과의 관계에서 해소되지 못한 문제를 홀로 해결할 수 없다고 여긴다.
- 극심한 애도 증상(예: 신체 증상 악화, 정서적 충격, 왜곡된 인지, 부적응적 행동)이 오랜 기간 지속된다.
- 죽음을 이해해 보려고 강박적으로 사건을 재구성한다.
- 안전감과 희망을 상실하고, 삶 전반에 영향을 받는다.
- 자살 전 마지막 며칠 혹은 몇 시간(분)의 상황을 다른 부분에 비해 지나치게 부풀려 생각함으로써 큰 죄책감을 느낀다.
- 죽음 이후 분노, 양가감정, 고인에 대한 집착 등과 같은 강렬한 정서 반응을 경험한다. 동시에 누가 그 죽음에 책임이 있는지를 밝히려는 욕구를 강하게 느낀다.
- 예측하지 못했던 주요 2차 상실(예: 고인의 생전에 각자가 지녔던 정체성 상실)을 경험한다.
- 외상후 스트레스 반응(예: 침투적 기억 반복, 생리적 각성)을 겪을 수 있다.

위에 기술한 자살 사별자의 애도 경험은 여러 가지 요인으로 인해 복잡해진다. 이들은 자살에 대한 오해와 부정적인 문화적 분위기, 사회적 낙인 등으로 인해 상실의 슬픔을 제대로 표현하거나 처리하기 어려운 상황에 놓이게 된다. 또한 주변 사람들에게 자신의 고통을 인정받지 못하거나 미해결된 감정과 문제로 인해 양가감정을 느끼기도 하는데, 이로 인해 애도 과정이 더욱 복잡해진다.

- 자살에 관한 오해 또는 신화: 위와 같은 개인적 감정에 더해, 사회적 시선을 감당하기가 매우 어렵기 때문에 자살에 대한 신화를 만들어 낼 수도 있다. '자살이 아니라 사고로 죽은 것이겠지'라고 믿고 싶어 하거나, 심지어는 그 생각에 집착할 수도 있다.
- 자살에 대한 부정적인 문화적 분위기: 우리 사회에는 자살을 죄악시하거나

일어나서는 안 될 일로 간주하는 분위기가 있으며, 이로 인해 자살자의 장례식을 방문한 조문객은 일반 장례식에서와 다르게 반응하는 경향이 있다. 동정심을 표현하지만(예: 소중한 가족원의 죽음으로 인해 괴로울 것이라는 생각), 공감을 표현하는 것은 불편해하기도 한다. 이를테면, 자연스러운 죽음이 아닌 스스로 목숨을 끊은 배경에는 가족 안에서 유발된 극심한 갈등이나 스트레스가 있었을 것이라고 생각하게 된다. 그렇기 때문에 가족에게 큰 책임이 있을 것이라고 생각하거나, 자살했다는 것 자체가 꺼림칙하다는 태도를 지닐 수 있다.

- 자살에 대한 사회적 낙인: 특히 자살자의 연령이 낮은 경우에는 가족의 책임이 더 크다고 여겨지기도 한다. 자살에 대한 이러한 사회적 낙인으로 인해 사별자는 수치심을 경험할 수 있다.
- 자살 사별자의 상실 불인정: 자살을 예방하지 못했다는 이유로 지속적으로 자기를 비난하거나, 고인의 죽음에 대해 이야기하는 것을 거부하거나, 죽음의 원인에 대해 거짓말하며 가족이나 친구, 주변인들로부터 스스로를 고립시키기도 한다.
- 미해결된 문제에 대한 양가감정: 자살 사별자는 자신이 거부당했다고 느끼고 분노를 경험한다. 이는 자살자가 스스로 주변 사람들과의 관계를 저버리고 자신만을 위한 선택을 했다고 여기기 때문이다. 이런 감정은 자존감 저하, 무가치함, 자신이 무언가 잘못되었다는 느낌, 거부당한 느낌을 이해하기 위한 분투('도대체 나한테 왜 그랬을까?')로 이어진다.

자살이 가족 체계에 미치는 영향

가족 중 누군가가 자살로 사망하면, 남은 가족들은 앞서 기술한 심리적·정서적·신체적 영향을 깊게 받는다. 이러한 애도 증상은 가족원의 기념일이나 특별한 의미를 부여했던 날, 상실을 상기시키는 다양한 알림 요인(물건, 사람, 소리,

냄새, 촉각, 장소 등 처음 또는 과거 외상 경험을 떠올리게 하는 모든 요인)으로 인해 언제든지 일어날 수 있다. 알림 요인은 고인과의 추억을 떠올리게 하여 슬픔을 재현시킬 수 있으며, 이는 애도의 감정을 다시 강하게 느끼게 만든다(Stroebe & Schut, 1999).

가족 체계 이론에 따르면, 가족은 하나의 체계로서 각 구성원이 상호작용하며 영향을 주고받는다(Bowen, 1978). 예를 들어, 가족 내에 새로운 사람이 들어오면 기존의 상실과 애도 경험이 새로운 구성원과의 관계 형성을 방해할 수 있다. 즉 고인에 대한 기억과 감정은 가족구성원들이 새로운 사람을 받아들이는 데 어려움을 겪게 만들 수 있으며, 이는 가족 체계 내의 균형을 깨뜨릴 수 있다. 한 예로, 아버지가 자살로 세상을 떠나고 어머니와 두 자녀가 남게 된 가정에서, 어머니가 오랫동안 남편을 잃은 슬픔에 잠겨 지내다가 몇 년 후 새로운 사람을 만나 결혼을 결심하게 되었다. 그러나 두 자녀는 새아버지를 받아들이는 데 큰 어려움을 겪었다. 세상을 떠난 아버지에 대한 강한 긍정적 기억과 감정으로 인해, 새아버지를 받아들이는 것이 마치 세상을 떠난 아버지를 배신하는 것처럼 느껴져 죄책감을 갖게 되었기 때문이다. 이러한 과정은 가족 내 역할과 정서적 관계를 재정의하고 새로운 균형을 찾는 데 어려움을 초래할 수 있다. 가족원 중 일부가 새로운 가족원을 받아들이는 데 어려움을 겪는 것은 고인에 대한 애도와 기억이 아직 적절히 다루어지거나 해결되지 않았음을 나타내며, 이는 가족 체계 내의 긴장을 증가시킴으로써 새로운 관계 형성을 방해할 수 있다.

한편, 가족구성원들은 저마다 다른 방식으로 가족원의 자살에 반응하고 대처한다. 자녀와 부모, 조부모 등 세대별로 다른 반응과 애도 방식이 나타나며, 가족 내 역할 변화가 발생할 수 있다. 그럼에도 애도 과정에서 모두에게 공통적인 점은 가족원의 자살이 인생의 중요한 변화의 시기에 발생할 경우, 기존의 익숙하고 안정됐던 구조와 체계가 붕괴되고 혼란해질 수 있다는 것이다. 예를 들어, 가족원의 자살이 한 자녀가 학교에 입학하는 시기에 발생한다면, 그 자녀는 학교생활에 대한 불안감과 자살로 인한 상실감이라는 이중의 스트레스를 경험한다. 이로 인해 학습 능력 혹은 자존감이 저하하거나 정서적으로 불안정해질 수 있으며, 사회적 관계를 맺고 유지하는 데도 어려움을 겪을 수 있다.

가족원이 자살했을 때, 아동이나 청소년에게 상황을 설명하고 개방적으로 이야기하는 것은 특히 어렵고 곤란한 작업이다. 다음과 같은 요소들은 자살 이후 아동 및 청소년 자녀와의 대화를 더욱 복잡하게 만들 수 있다.

- 사회적 낙인: 가족원, 특히 부모나 보호자는 아이들에게 자살을 설명하는 것이 사회적 비난이나 오해를 초래할까 봐 두려워할 수 있다. 이는 아이들이 자살에 대해 이해하는 것을 방해하고, 더 큰 정서적 혼란을 초래할 수 있다.
- 정서적 부담: 부모나 보호자는 자신의 감정 상태 때문에 아이들과의 대화를 피하거나, 자살에 대해 이야기하는 것이 아이들에게 추가적인 정서적 부담을 줄까 봐 걱정할 수 있다.
- 아이들의 이해 수준: 부모나 보호자는 아이들이 자살의 의미와 그로 인한 감정적 영향을 충분히 이해하지 못할까 봐 걱정하면서 선뜻 이야기의 장을 마련하지 못하고, 시간이 흘러 '언젠가는 기회가 있겠지' 등의 막연한 생각을 할 가능성이 높다.
- 적절한 언어와 접근 방법의 부족: 자살에 대해 제대로 이해하지 못한 부모나 보호자는 아이들에게 자살에 대해 설명하는 데 어려움을 겪을 수 있다. 이는 아이들이 자살에 대해 왜곡된 정보를 접하게 하거나, 대화를 통해 얻어야 할 정서적 지지를 받지 못하게 할 수 있다.
- 자살에 관한 이야기가 미치는 장기적인 영향에 대한 두려움: 자살에 대한 대화가 아이들의 정서적 발달이나 정신건강에 부정적인 영향을 미칠까 봐 두려워하는 부모나 보호자는 이 주제에 대해 이야기하는 것을 피하려고 할

수 있다. 이는 아이들이 자살에 대해 이해하는 데 필요한 정보를 얻지 못하게 할 수 있다.

부모나 보호자는 이러한 어려움을 인식하고 전문가의 도움을 받아 아이들과의 대화를 준비하는 것이 중요하다. 이와 관련하여, 골드먼은 아이들이 죽음과 상실을 이해하고 대처하는 데 있어 개방적이고 정직한 대화가 중요하다고 주장했다(Goldman, 2000). 그는 아이들이 죽음의 현실을 직면하고, 그 과정에 참여함으로써 슬픔을 더 건강하게 처리할 수 있다고 강조했다. 뒤레그로브도 상실과 죽음을 이해하고 대처하는 과정에 아이들이 참여하는 것의 중요성을 강조했다(Dyregrov, 2008). 그는 아이들이 죽음과 관련된 의식을 포함한 과정에 참여함으로써 정서적으로 더 나은 지원을 받을 수 있다고 보았다. 즉, 애도 과제는 성인 혹은 비교적 인지적인 성숙을 이룬 개인들만 할 수 있는 것이 아니다. 아동 및 청소년도 각자가 속한 발달 단계에 따라 애도 과제를 충분히 수행할 수 있다.

사회적 지지는 애도 과정에서 중요한 역할을 한다. 가족과 공동체가 함께 애도하고 지지하는 경험은 상실을 겪은 사람에게 큰 위로와 힘이 된다. 특히 아이들이 장례식에 참여해 타당한 설명을 듣고, 심리적으로 소망하는 그들만의 장례식 형태에 관해 이야기를 나눈다면, 그들이 가족과 공동체의 지지를 받으며 함께 상실을 극복해 나가는 과정을 경험하도록 도울 수 있을 것이다. 즉 아이들은 장례식과 같은 의식을 통해 자신이 혼자가 아님을 느끼며, 가족과 공동체의 일원으로서 상실을 함께 나누고 극복하는 힘을 얻는다. 한 연구에서 부모를 잃은 아이들이 장례식에 참여했을 때와 참여하지 않았을 때의 차이를 분석한 결과, 장례식에 참여한 아이들이 상실의 현실을 더 잘 받아들이고, 장기적으로 심리적 안정을 더 잘 유지한다는 사실을 확인했다(Silverman & Worden, 1992). 다른 연구에서도 가족구성원이 사망했을 때, 아이들에게 적절한 정보를 제공하고 장례 절차에 참여시키는 것이 애도 과정에 미치는 영향을 조사한 바 있다. 연구에 따르면 적절한 정보를 제공받고 장례에 참여한 아이들이 상실을 더 잘 이해하고, 이에 보다 적절히 대처하였으며, 상대적으로 건강한 심리적 발달을 보였다(Christ, 2000). 따라서 비록 부모나 보호자를 비롯한 가족원들이 죽음과 관련된 무거운 이야기를 아이들이 피해 가도록 하여 고통을 덜어 주고 싶어 하더라도, 아이들이 상실과 죽음에 대한 사실적인 정보를 알고 애도 의식에 참여하게 하는 것이 매우 중요하다.

이 밖에도 자살이 가족에게 미치는 영향은 문화, 지역, 종교에 따라 다를 수 있다. 문화적 차이에 따라 자살에 대한 인식과 애도 방식이 달라지며, 지역 사회의 지지 체계와 공동체 의식이 가족의 회복을 돕는 데 중요한 역할을 할 수 있다. 또한 종교적 신념 및 공동체는 애도 과정에서 큰 영향을 미치며 가족에게 정신적 지지를 제공할 수 있다.

자살 이후 가족을 지탱하게 해 주는 요소로는 가족 간의 지지, 사회적 지원 그리고 심리치료가 있다. 가족구성원은 서로의 감정과 필요를 이해하고 지원함으로써 서로를 지탱할 수 있다. 친구나 친척, 지역 사회, 상담사, 더 구체적으로는 애도 상담 전문가의 지원은 가족이 어려운 시기를 극복하는 데 큰 도움이 된다. 전문적인 상담과 치료를 통해 가족구성원들이 감정적으로 회복되고 새로운 현실에 적응해 나갈 수 있다.

2 애도 상담 태도 및 역량

애도 상담은 고통스러운 상실을 경험한 내담자에게 심리적 지지를 제공하는 중요한 과정이다. 따라서 상담자가 올바른 태도와 역량을 갖추는 것은 내담자의 애도 과정을 효과적으로 지원하는 데 필수적이다. 이 절에서는 내담자와의 관계에서 내담자의 애도 방식과 속도를 맞추고 개인차를 존중하는 애도 상담자의 기본 태도를 살펴볼 것이다. 또한 애도 상담자가 상황에 맞는 공감 어린 언어를 사용하고, 죽음에 대한 개방적 경청 자세를 유지하며, 문화적 배경을 이해하는 역량이 어떻게 애도 상담에 긍정적인 영향을 미치는지 논의할 것이다. 이러한 태도와 역량은 상담자가 내담자의 고통을 깊이 이해하고, 효과적으로 돕기 위한 토대를 마련한다.

애도 상담자의 기본 태도

(1) '모두에게는 다른 길이 있어요'

이론적으로 정립된 일련의 애도 반응, 애도 증상, 애도 과정이 있다고 하더라도, 개인은 매우 다양한 형태로 '자신만의' 사별, 상실, 애도를 경험한다. 애도 상담 서비스를 제공하는 상담자들의 경험에 따르면, 모든 내담자가 공통적으로 자신에게 도움이 됐고 지금까지도 도움이 된다고 보고하는 중요한 내용은, '내담자 자신의 이야기를 충분히 할 수 있는 기회를 제공하는 것'과 '그 이야기를 전문가가 충분히 들었음을 내담자로 하여금 느끼게 하는 것'이다.

(2) '당신의 이야기를 들려주세요'

사별을 하는 사람이라면 누구나 애도 과정을 경험한다. 그럼에도 무조건 '애도하는 사람', '애도 중인 사람', '애도를 돕기 위한 상담'을 전제하고 내담자를 만나게 되면, 내담자는 상담자가 그에게 '바로' 애도 이야기를 하도록 강요하는 것처럼 느낄 수 있다. 애도 상담을 염두에 두고 상담실에 내방했다 하더라도, 사별 전, 사별 당시, 사별 후에 대한 이야기를 막상 시작하는 것부터 어렵고 힘겹다고 느끼는 내담자들도 있다. 즉 애도에만 초점을 맞추다 보면, 아직 자신의 이야기를 꺼낼 준비가 되어 있지 않은 내담자에게 적절한 상담 서비스를 제공하지 못할 수도 있다. 내담자가 준비되어 있지 않을 때는 상담자가 (진정 도우려는 의도가 있을지라도) 애도 작업을 하는 것이 오히려 내담자에게 예상치 않은 2차 상처와 분노를 야기할 수 있다. 따라서 애도 상담 작업 전에 적절한 평가 도구를 사용하여 내담자가 누구를 상실했는지, 그 상실이 무엇을 의미하는지, 현재 애도 이야기를 할 준비가 되었는지 등을 확인해야 한다(애도 관련 평가 도구는 2장 '애도 평가'에서 확인할 수 있다).

(3) '상실을 보듬어 줘요'

애도 관련 문헌이나 종교 서적, 기타 관련 자료에서는 애도를 '슬픔에서 벗어나는 과정'이라고 설명하기도 한다. 그러나 소중한 사람의 죽음으로 인한 이별은 단순히 극복하거나 지나가는 것이 아니라, 다시는 볼 수도, 만질 수도, 말을 걸 수도 없는 영구적인 단절을 의미한다. 이런 이별 앞에서 '슬픔에서 벗어난다'는 표현은 충분히 와 닿지 않을 수 있다. 물론 남겨진 사람들은 시간이 지나면서 현실에 적응하게 되지만, 이는 고인을 잊거나 사별의 아픔을 완전히 극복하는 것이 아니다. 오히려 중요한 사람의 죽음과 부재에 적응한다는 것은 슬픔을 없애는 것이 아니라, 그 감정을 삶 속에 받아들이고 조절하며, 억제하거나 회피하지 않고 자연스럽게 보듬어 느낄 수 있는 수용력을 기르게 됨을 의미한다.

비록 주어진 현실에 언젠가는 적응한다 하더라도, 죽음의 현실에 적응한다는 것이 고인을 잊거나 사별의 아픔을 온전히 제거하는 것은 아닐 것이다. 중요한 인물의 죽음과 부재에 적응한다는 것은 슬픔의 흔적조차 없는 상태가 아니라, 슬픔이라는 애도 감정을 수용하고 개인 삶으로 통합해 슬픔을 조절하고 때에 따라 억제 혹은 회피 없이 슬픔을 보듬어 느낄 줄 아는 수용력을 지니게 됨을 의미한다. 따라서 상담자는 사별 후 자기 나름대로 애도 중인 내담자에게 애도 상담 또는 애도 과제를 안내할 때 '애도 상담이란 사별의 슬픔이나 괴로움에서 벗어나는 것, 극복하는 것, 아주 긍정적이고 건강하게 새로운 삶을 살아갈 수 있도록 돕는 것'이라는 메시지를 전달하지 않도록 유의해야 한다.

상담은 애도자마다 경험하는 다양한 애도 감정을 보다 개방적이고 정화할 수 있는 방식으로 생생하게 느끼고, 그 감정들을 잘 알아차려 앞으로 살아

가면서 여러 애도 감정을 스스로 조절할 수 있는 수준에 이르게 함으로써 사별의 아픔부터 변화된 요소(역할, 정체성, 환경 등)를 수용하고 새로운 일상에 적응하도록 돕는 것이다.

(4) '내담자와 보폭을 맞춰요'

"누군가를 이해하려면, 진정으로 도우려면, 그 사람의 방에 정중히 들어가 그 사람의 '방 이야기'를 들어 보세요." 애도를 돕는 상담자가 내담자의 세상을 함께 걸으며 내담자의 어려움에 관한 맥락을 이해할 때는 무겁고 부담스러운 마음을 갖게 되기 쉽다. 그럴 때 이러한 비유와 상징적인 심상화가 도움이 될 수 있다. 내담자를 돕고 싶은 마음에 내담자 방에 있는 어떤 물건을 조금 더 나은 위치로 옮겨 주고 싶을 수 있고, 지저분한 부분을 깔끔하게 정리해 주고 싶을 수도 있다. 그러나 '좀 더 나은 위치가 있다'거나 '지저분하다'고 여기는 것은 그저 상담자만의 주관적 생각이다. 내담자의 방에서 어떤 물건을 어느 위치에 놓을지, 지저분한 것을 언제 정리할지를 결정하는 것은 내담자다. 내담자가 그 물건을 다른 곳이 아닌 바로 그곳에 놓게 된 데는, 그리고 어떤 구석이 지저분하게 된 데는 내담자만의 이야기가 있을 것이다.

내담자가 누군가와 사별했기 때문에 분명히 애도 과정을 시작했을 것이라고 지레짐작하는 것도 피해야 한다. 보편적이고 바람직한 애도 과정을 거칠 수 있도록 곧바로 본격적인 애도 작업을 시작하는 것은 조금 미루어 두어도 좋다. 내담자의 방에 들어가 내담자가 애도 이야기를 하고 싶은지, 애도 이야기 전에 방문 앞에서 상담자와 다른 가벼운 이야기나 전환적인 이야기를 하고 싶은지 이해하는 시간이 필요하다. 가족원의 자살을 경험한 내담자라면 '분명 수치심을 경험할 것이다'라고 상담자가 가정하고, 내담자가 수치심에 관한 이야기를 당장 하고 싶어 하지 않음에도 그 수치심을 다루게 된다면, 그 순간 내담자는 오히려 상담자와의 관계에서 수치심을 느낄 것이다. 이때는 상담자가 잘 알고 있는 애도 관련 공식과 이론은 잠시 내려놓아야 한다. 앞서 다룬 '방

이야기' 비유처럼, 내담자가 자신의 공간에 초대된 상담자와 조용히 차 한 잔을 마시고 싶은지, 그 공간에 있는 내담자의 물건에 대해 단순히 담소를 나누고 싶은지는 내담자의 안내를 따르면 될 것이다. 단순히 상담자와 차를 마시며 내담자의 소소한 물건에 대해 말하는 동안 자연스럽게 고인에 대한 이야기가 나올지 모를 일이기 때문이다.

애도 이론, 이론 기반 애도 단계, 근거 기반 애도 치료에 따른 방법이나 매뉴얼을 무시할 수는 없다. 이론적 애도 과정과 애도 치료 모델 등을 길을 안내하는 지도로 삼되 그 지도가 알려 주는 대로 지금 갈지, 조금 있다가 걸어갈지를 결정하는 사람은 내담자임을 기억해야 한다. 지도는 언제나 여행 가방에 들고 다니며 필요할 때마다 참고해야 한다. 하지만 목적지로 가는 경로를 철저하게 지킬지, 어떤 지점에서는 잠시 머물기만 하고 다른 지점에서는 조금 더 오래 머무를지를 선택하는 사람은 내담자다. 애도 상담에 정확한 순서와 방식은 없다. 상담자는 내담자와 애도의 길을 함께 걸어 주는 동반자라는 사실을 기억해야 한다.

애도 상담자의 기본 역량

(1) 문화적 역량

애도 상담자의 문화적 역량은 다양한 문화적 배경을 가진 사람들이 경험하는 상실과 애도의 차이를 이해하고 적절히 대응하는 데 필수적이다. 특히 자살로 인한 상실과 애도에는 복잡한 감정과 사회적 요인이 결합되어 있으며, 문화적 차이가 그 경험을 더욱 복잡하게 만든다. 일례로 자살에 대한 사회적 낙인은 문화마다 다르다. 어떤 문화에서는 자살이 큰 수치로 여겨질 수 있으며, 이는 남은 가족원들에게 추가적인 고통과 사회적 고립을 초래할 수 있다. 이 경우 가족원들은 장례식에서 혹은 개인적으로 애도 감정을 표현할 때도 소극적일 수 있으며, 심지어 장례식 자체를 포기하기도 한다. 반면, 다른 문화에서는 자살에 대해 더 개방적이고 동정적인 태도를 보일 수 있다. 예를 들면, 이탈리아에서는 비록 자살로 인한 장례식일지라도 감정적이고 공개적인 행사로 치러진다. 가족과 친구들, 그리고 아이들까지 모두 함께 있는 공간에서 큰 소리로 울고, 고인의 삶을 기리고, 음악과 노래를 통해 슬픔을 표현한다. 이 과정에서 남은 이들은 자연스럽게 슬픔과 눈물을 나누고 공동체의 지지를 받을 수 있다(De Spuches & Guida, 2019).

문화적 역량은 단순히 우리나라 문화와 외국 문화를 구분하여 내담자가 속한 각각의 문화를 깊이 이해하는 것만을 의미하지 않는다. 사람들은 같은 공동체에 속해 있다고 해도 각자 자신만의 삶의 양식을 갖고 있고, 따라서 죽음에도 저마다 다른 의미를 부여한다. 즉 개인은 가까운 이의 죽음을 고유한 방식으로 경험하므로, '한 개인이 하나의 문화'라는 생각으로 애도 상담에 임해야 한다. 한 가정 안에 있어도 고인과의 관계에 따라 각 가족원이 경험하는 상실과 애도의 양상은 완전히 다를 수 있다. 한 가정에서 아버지가 사망한 경우, 어머니는 오랜 세월을 함께한 배우자를 잃은 슬픔을 느끼며, 미래에 대한 불안감과 함께 외로움을 느낄 수 있는 반면, 자녀들은 보호자이자 롤 모델인 아버지를 잃은 상실감을 느끼고, 삶의 방향성을 잃었다고 여길 수 있다.

우리나라에서는 오랜 기간 집단주의를 따랐고, 사회적 정체성과 조화를 중시하며, 어른의 말을 잘 따라야 하는 문화적 분위기가 있었다. 따라서 자유롭고 개방적으로 자신의 의견을 표현하는 것이 비교적 쉽지 않다. 그렇기 때문에 서양에서 심리적·신체적 건강을 위해 정립하고 실천하는 여러 이론 기반 심리치료 방법이 우리나라에서는 자연스럽게 적용되지 않는 경우가 많다. 예를 들어, 정서중심치료는 자신의 감정을 그때그때 알아차려 정도가 심하거나 무감각한 정서를 정상 또는 적응적인 수준으로 조절하는 것을 중요시한다. 그러나 오랜 기간 '나의 정서, 나의 감정, 나의 기분'을 알아차리고 언어적으로 적절하게 표현하며 한 가지 감정에 대해 면밀히 상대방과 이야기를 주고받는 경험이나 기회가 드물었던 우리나라 내담자들에게는 사별이나 애도 관련 감정을 묻고 탐색하고 이야기하도록 격려해도 좀처럼 감정을 인식조차 하지 못하는 경우를 어렵지 않게 볼 수 있다. 따라서 애도 상담자는 내담자를 만나기 전과 만나는 동안 내담자가 속한 문화적 특성과 내담자가 해당 문화에서 경험하는 민감한 부분들이 있음을 잘 이해하고 내담자의 고유하면서도 다양한 세계를 존중해야 한다.

(2) 상실과 죽음에 관한 개방성

상실 혹은 죽음을 애도하는 내담자를 만날 때, 상담자는 내담자의 연령이나 정신적 수준과 상관없이 내담자와 '죽음에 관한 이야기'를 이어갈 수 있는 역량을 갖춰야 한다. 상실과 죽음은 각자에게 다른 의미가 있다는 것, 상실감은 신체·감정·행동·관계 영역에서 다양한 반응(증상)을 불러일으킨다는 것, 평소와는 다른 자기감을 가질 수 있다는 것 등의 심리교육을 전달하는 것은 상담자가 평소 죽음에 관한 이야기를 얼마나 편안하게 할 수 있는지에 따라 달라진다. 죽음 관련 심리교육을 편안하게 실시할 수도 있지만, 반대로 매우 어렵고 곤란하다고 느껴 효과적인 애도 교육이나 상담을 진행하지 못할 수도 있다.

내담자마다 다양한 사별 이야기를 지니고 있다는 것을 인정하고 각 내담자의 세계로 들어가 고유한 사별 이야기를 들을 수 있느냐는 상담자가 평소 죽음에 관해 얼마나 다양한 사람들과 개방적으로 이야기를 나눌 수 있느냐에 따라 달라질 것이다. 상담자가 평소 다양한 사람들과 죽음에 대해 개방적으로 이야기할 수 있는지 여부는 내담자의 사별 경험을 경청하고 애도 감정을 적절히 반영하는 능력에도 영향을 미친다. 반면, 상담자가 죽음과 상실에 대한 자신의 감정을 충분히 탐색하지 않은 경우에는 내담자의 이야기가 감당하기 어려운 감정으로 다가와 역전이의 문제를 경험할 수도 있다. 예를 들어, 상담자 자신이 어머니를 어릴 때 사별했지만 제대로 그 상실을 탐색하지 못하고 자신의 미해결된 감정을 자각하여 해소하지 못하였다면 어머니를 외상적 사건으로 잃은 내담자의 강렬한 감정과 미해결된 과제를 다루기는 힘들 수 있다. 따라서, 상담자는 내담자의 사별 경험을 깊이 이해하기 위해 자신의 죽음 경험에 대한 태도와 감정을 점검할 필요가 있다. 죽음에 관한 이야기를 나누는 것을 회피하거나 두려워 하지 않을 때, 즉 죽음에 대한 자신의 가치를 잘 살피고, 폐쇄적이고 배타적이지 않은 자세를 가질 때 상담자는 내담자의 애도 과정을 지지하며 진정성 있는 동반자가 될 수 있을 것이다.

특히 상담자는 자신의 삶에서 발생했던 상실과 죽음에 관한 이야기를 먼저 개방적으로 접촉하고 다룰 필요가 있다. 상담자 자신도 내담자와 다를 바 없이 상실과 죽음이라는 주제로부터 자유로울 수 없으므로, 그러한 주제에 직접 귀를 기울이고 온전한 경험을 했을 때 비로소 내담자의 이야기에 귀를 기울이고 동참할 수 있다. 따라서 상실과 죽음에 관한 이야기를 내담자와 개방적으로 할 수 있으려면, 그래서 내담자의 사별 경험과 그에 따른 내담자의 애도 반응이 타당하다고 지지해 줄 수 있으려면, 우리의 삶에서 필연적으로 발생할 수밖에 없는 '상실과 죽음에 관한 이야기'를 회피하거나 배제하기보다, 자연스럽고 개방적인 자세로 그러한 이야기에 참여하는 것이 바람직하다.

(3) 애도자의 상황에 맞는 용어 사용

애도 작업 시 '죽음', '자살', '죽었다'와 같이 내담자가 자극적이라 여길 수 있는 단어를 사용할 때 유연함이 필요하다. 내담자가 아무리 사별을 경험하고 애도 과정에 들어왔다 하더라도, 상담자와 본격적으로 애도 상담을 시작하고 애도 작업을 언어화하는 데는 많은 에너지와 용기가 필요하다. 이야기를 시작하는 것조차 준비되지 않은 내담자도 있고, 자신의 이야기를 하염없이 하고 싶어 하는 내담자도 있다. 어떤 내담자는 외상적 애도 반응을 불러일으키는 알림 요인에 매우 민감한 상태일 수 있다.

죽음이라는 현실을 수용할 수 있도록 죽음 관련 단어나 문장을 자연스럽게 구사해야 한다는 말은 내담자가 죽음이라는 현실을 수용하려는 준비가 되어 있거나 그런 단계에 있음을 평가 단계에서 알았을 때 효용이 생긴다. 부적절하거나 왜곡된 인지를 담고 있는 말, 괴롭거나 불안해하는 행동이나 기분을 보이는 내담자에게 죽음이라는 현실을 직면하게 하려는 의도에서 지속적으로 '자살', '죽었다'라는 표현을 일부러 쓸 필요는 없다. 내담자의 상태를 잘 알아차리지 못하고 내담자에게 자극적인 표현을 쓰게 되면 오히려 내담자의 안녕감과 복지를 저해할 수 있고, 결국 치료적 관계 형성과 상담 성과 달성에 조금도 가까이 갈 수 없게 된다. 내담자의 이야기를 경청함으로써 내담자의 용어(예: '돌아오지 않는 여행을 떠난 사람')를 통해 내담자의 이야기에 조심스럽게 존중심을 갖고 다가갈 필요가 있다.

반면, 애도 이야기를 할 준비가 되었거나 죽음 관련 용어를 직접적으로 쓰는 데 큰 어려움이나 불안이 없는 내담자라면, 현실을 잘 수용할 수 있도록 죽음 관련 단어를 쓰는 데 불편함이 없게 안내해야 한다. 죽음이나 죽음의 의미의 핵심을 담고 있는 다양한 표현을 사용할 수 있는 상담자의 역량은 애도 상담에서 필수적이다. 다시 말해, 자연스럽게 내담자의 정서 상태에 따라, 내담자가 쓰는 죽음 관련 용어에 따라, 상담자의 지혜와 이론적 판단에 근거하여 적절하고 타당한 단어를 사용해야 한다.

3 애도 상담을 위한 상담실 조성

상담실 분위기

상담실의 분위기는 애도 상담의 효과성에 중요한 역할을 한다. 조용하고 방음이 잘 되는 공간은 내담자가 편안하게 자신의 감정을 표현할 수 있도록 도우며, 이는 신뢰와 안전을 구축하는 데 필수적이다. 이를테면, 내담자의 상태와 요구에 따라 조명을 조절할 수 있는 환경은 상담의 분위기를 더욱 개인화하고, 감정적 지원을 제공하는 데 중요한 요소로 작용한다.

- 조용하고 방음이 잘 되는 곳: 일반적인 심리상담과 마찬가지로 조용하고 방음이 잘 되어야 내담자가 자유롭게, 어떤 것도 의식하지 않고 자기 이야기를 할 수 있다. 특히 애도 상담에서는 목 놓아 울음, 고인과의 미해결된 갈등으로 인한 다양한 애도 감정 표현, 주변에서 인정하지 않는 죽음에 대한 낙인 경험 토로, 장례식장에서 충분히 애도되지 못한 마음 탐색, 2차 상실 이야기 등 핵심적인 애도 작업이 이루어지므로 자기만의 애도에 충분히 집중할 수 있는 공간 마련이 필요하다.
- 내담자의 상태와 요구에 따라 조명을 조절할 수 있는 곳: 상담실 안에 들어섰을 때 바깥의 소란스럽고 분주한 소리나 소음이 완벽하게 또는 적절히 차단된다면 내담자가 애도 이야기를 하는 데 좀 더 집중할 수 있을 것이다. 조명은 촛불을 켜 놓은 듯 비교적 어두울 수도 있고, 그보다 밝은 전구색일 수도 있다. 어떤 내담자는 너무 밝은 곳에서 자신의 이야기를 하는 것에 심리적 부담감을 느낄 수도 있고, 어떤 내담자는 어둡거나 은은한 조명의 분위기 자체를 상실 또는 외상의 알림 요인으로 여겨 상담실에서 안정감을 느끼지 못할 수 있다. 이런 경우에는 주백색이나 주광색과 같이 밝은 분위기의 조명을 사용하거나 햇빛이 들어오도록 커튼을 열어야 할 수도 있다. 내담자의 상태와 요구에 따라 조명을 조절할 수 있다면 내담자가 애도 이야기에 더욱 집중해 시작하는 데 도움이 될 것이다.

애도 상담에 도움이 되는 도구

애도 상담에 적합한 도구들은 내담자가 감정을 표현하고 치유하는 데 도움을 줄 수 있다. 소파와 쿠션은 편안한 환경을 조성하여 내담자가 더 쉽게 자신의 감정을 나눌 수 있도록 한다. 또한 물이나 차와 같은 음료는 안정감을 주며, 촛불(LED)이나 담요는 아늑한 분위기를 조성하여 상담 과정에서 심리적 안전감을 증진한다. 다양한 도구는 내담자가 치유적인 애도 의식(ritual)를 만들어 나가는 데 도움을 주므로, 상담자는 내담자의 상태와 필요에 맞게 이를 제공하는 것이 좋다.

- 소파와 쿠션: 내담자가 애도 이야기 작업을 하는 동안 신체적으로 안정감을 느낄 수 있게 한다. 이야기를 하다가 몸과 마음이 지칠 때 잠시라도 기대거나 누워 쉴 수 있음을 안내할 수 있다. 특히 쿠션은 고인에게 못다 한 이야기를 전하는 역할 교대 작업을 할 때에도 도움이 된다.
- 물, 차: 적정 온도의 물이나 차(선호에 따라 다양한 종류의 차)를 내담자의 요청 또는 상태에 따라 제공할 수 있는 환경이라면 내담자의 긴장감이나 경계심을 한결 낮추는 데 도움이 된다.
- 담요: 내담자의 옷차림(짧은 치마 등)이나 외부 온도로 인해 신체적으로 움츠러들 수 있고, 어떤 내담자는 단순히 심리적으로 위축되어 있을 수 있다. 이때 감촉이 부드럽고 따뜻한 담요를 제공해 내담자가 신체적으로도 위안을 받을 수 있음을 알도록 도울 수 있다.
- 초, 꽃: 기존에 이루어졌던 형식이 아닌, 내담자가 원하는(원했던) 형식으로 고인의 장례식을 실현해 볼 기회가 있다면, 경건하고 고요한 분위기를 조성하기 위해 초(다만, 안전을 위해 LED 제품 사용)를 사용할 수 있다. 장례식에는 내담자가 원하는 꽃이나 고인이 좋아했던 꽃, 또는 내담자가 중요한 의미를 부여하는 물건을 가져다 둘 수 있다. 내담자의 이야기에 따라 상담자가 준비하거나, 내담자가 직접 가져오게 한다. 이처럼 내담자가 자신만의 애도 공간을 꾸미도록 도움으로써, 내담자의 적극적인 참여를 이끌 수 있다. 애도 공간을 꾸밀 때는 상담실 면적과 구비 도구 등을 고려한다.
- 칠판 혹은 화이트보드: 애도 상담 과정에서는 상담자가 필요를 느낄 때마다 애도 심리교육을 제공할 수 있다. 유인물을 제공할 수도 있지만 교육용 보드가 있으면 상담자와 내담자가 교육 내용을 한눈에 볼 수 있으며, 내담자 역시 이를 사용하여 자신의 생각이나 감정을 더 자유롭게 표현할 수 있다.

• 기타 도구: 애도 과정 중 내담자의 필요에 따라 봉제 인형, 풍선, 셀로판지, 그림 카펫, 예술적 치료 도구(감정 카드, 그림 도구) 등 애도 과제를 돕는 다양한 도구를 활용할 수 있다. 예를 들면, 상담 내내 귀여운 봉제 인형을 껴안은 상태에서 이야기할 수도 있고, 풍선으로 남아 있는 사람과 떠난 사람(고인)을 표현할 수도 있다. 셀로판지는 주변의 많은 색깔을 '먹는' 성질이 있는데, 현재 상실의 슬픔으로 인해 주변의 다양한 색깔을 '슬픔의 색깔'로 보는 것이 자연스러움을 이해하는 작업을 할 수도 있다. 아동의 경우 말로 표현하지 못한 마음을 카드에 담게 하곤 하는데, 이때 크레파스나 스티커 등을 이용해 카드를 꾸미는 활동을 할 수도 있다.

4 가족 및 중요 인물과의 만남

한 사람의 자살은 당사자의 죽음으로 끝나는 문제가 아니다. 남아 있는 가족, 친지, 친구, 지인 등 고인과 가까운 사이를 비롯해 고인의 죽음에 조금이라도 영향을 받는 모든 사람은 '자살 사별자'로서 죽음에 대한 각자의 해석과 자신만의 방식으로 고통을 겪게 된다. 이들은 그 죽음의 이유를 찾아 헤매는 동안 혼란과 혼동, 죽음을 막지 못했다는 죄책감과 비난, 이제 어떤 것을 해야 할지 몰라 하는 막막함과 무기력함, 이전에는 생각도 해 보지 않았던 자살에 대한 관심과 모방 자살 시도 등을 경험한다.

가족원의 자살은 남은 가족원들의 일상 속 균형을 심각하게 손상시킨다. 생존 가족은 고인과 죽음에 관해 왜곡된 해석을 하거나, 슬픔이나 황망함 등의 상실 감정을 억압 또는 과잉 분출하거나, 일상 과업에 평소처럼 참여하지 못하곤 한다. 이로 인해 일반적인 애도 과제를 시작조차 하지 못할 가능성이 높다. 애도 상담 전문가는 내담자(사별 가족 중 상담을 적극적으로 원하거나 가장 적응이 힘든 가족원)가 애도 과제를 원활하게 시작하도록 돕기 위해 내담자의 가족원 또는 중요 인물과의 사전 만남을 통해 적절한 애도 심리교육을 제공할 수 있다. 또한 내담자에 대한 애도 평가 결과가 나왔을 때, 필요에 따라 애도 상담의 과정과 결과, 기대 효과에 대해서도 가족원에게 안내하여 상담 과정 동안 가정에서도 내담자가 필요한 지지를 얻을 수 있도록 격려할 수 있다.

가족과의 사전 만남: 애도 심리교육

(1) 애도 증상 설명

이 단계에서는 가족원의 자살로 인해 애도자가 경험하고 있는 신체적·정서적·인지적 증상에 대해서 듣고, 이에 대한 적절한 정보와 타당화를 제공해야 한다. 즉 괴로움을 보이거나 표현하는 증상은 애도자가 평소와 다른 경험을 하고 있고, 그에 대해 인식하며 돌봄을 필요로 함을 나타내는 하나의 신호이며, 지극히 정상임을 알려 주는 것이다. 고통 속에서도 이런 지식을 접함으로써 '나만 그런 게 아니구나'라는 생각으로 잠시라도 안도할 수 있도록 도울 수 있다. 외상으로 인한 일부 애도 증상은 항상 경험될 것이며, 이것이 반드시 건강하지 않은 것은 아니라는 점도 알려 줄 수 있다. 애도 증상을 설명하고 타당화하는 심리교육이 중요한 이유는 애도자가 외상이 자신과 자신의 가족의 삶에 미치는 영향을 제대로 이해하는 데 도움을 주기 때문이다. 또한 회복력이 있는 애도자의 경우 심리교육만으로도 안정을 되찾을 수 있다.

(2) 가족원 간 죽음에 대한 자기 경험 공유

애도 상담자는 가족원들이 합의한 일시에 모여 죽음에 대한 생각과 감정 등을 서로 나눌 수 있도록 격려해야 한다. 애도 과제를 시작하는 것은 자살로 인한 상실감을 서로 이야기하고 가정 내에서 꼭 필요한 지지와 위로가 있을 때 가능함을 내담자와 가족 모두에게 안내하는 것이다. 만약 한 가족원이 어떤 이유에서 상실을 부인하거나 아무 일이 벌어지지 않은 것처럼 행동한다면,

나머지 가족원들은 의도치 않게 부정적이고 부적응적인 해석과 경험을 할 수 있다는 것도 설명할 수 있다. 예를 들어, 어머니가 자살을 한 후 아버지가 '그 일'에 대해 함구하는 동시에 나머지 가족원들에게 절대 아무 말도 하지 말 것을 당부했다면, 한 자녀는 아버지가 어머니의 죽음을 창피하게 여긴다고 해석해 자신 또한 어머니 죽음을 수치스럽게 여길 수 있고, 다른 자녀는 아버지가 자신들을 믿지 못해 아무 말도 하지 않는다고 여겨 아버지에 대한 증오와 불신을 2차 상실로 경험할 수 있다. 건강하지 않은 애도 과정에서 제자리걸음하지 않도록 애도 상담자는 가족원들이 죽음에 대한 경험을 공유할 수 있는 시기와 방법을 함께 논의하고 중재할 수 있어야 한다.

(3) 가족 내 역할 재편성

새로운 가족원이 태어나면 기존 가족 내 역할이 모두 변하는 것처럼(예: 부부에서 부모로, 외동에서 첫째로), 가족원 한 명이 사망하면 모든 가족원의 역할과 정체성에 큰 변화가 온다. 출생 또는 질병으로 인한 죽음 등은 조금이라도 예측해 볼 수 있는 가족 변화이지만, 자살은 다르다. 전혀 예측할 수 없이 발생하는 외상 사건이기 때문에 자살 생존 가족은 자신들의 역할이 어떤 식으로 변하는지, 그 변화에 어떤 자세와 행동으로 대응해야 할지 생각해 볼 겨를이 없는 경우가 대부분이다.

예를 들어, 아이의 아버지가 사망하면 어머니는 기존에 자신이 하던 역할에 더해 아버지의 역할까지 떠안게 된다. 이 경우 어쩌면 아이는 아버지가 하던 역할을 스스로가 감당해야 한다는 압박감에 자신의 삶의 목표와 계획을 바꿀 수도 있다. 예를 들어, 대학 진학을 준비하던 아이가 생계에 도움이 될 수 있도록 군 입대를 고려할 수도 있다. 이렇듯 가족 내 역할이 자연스럽게 재편성되면서, 각 가족원은 낯설고 이전에 맡아보지 못한 책임을 떠안게 되어, 그로 인한 부담감과 혼란을 느낄 수밖에 없다. 그렇지만 가족원이 용기를 내어 기존 역할과 앞으로 맡아야 하는 역할 또는 맡고 싶은 역할에 대해 개방적으로 공유해서 각자의 역할을 재편성한다면 힘든 시기를 함께 견뎌 내는 과정 자체가 치료와 회복에 도움이 될 수 있다.

(4) 가족원의 역할 이해

자살에 대한 애도 과정에서 가족원이 내담자를 도울 수 있는 다양한 방법을 알려 줄 필요가 있다. 다음은 가족원이 서로 지지자의 역할을 수행하는 과정에서 할 수 있는 활동의 몇 가지 예시이다.

- 내담자가 애도 이야기를 하고 싶거나 신체 접촉(예: 포옹, 손잡기)을 원할 때, 가족에게 신호(예: 방문에 '도움'이라고 쓴 메모를 붙이거나 내담자가 원하는 표식을 붙이기)를 보낼 수 있는 방법에 관해 함께 이야기하기
- 내담자가 가족원의 지지를 요청할 때, 한 명이라도 꼭 반응할 것이라고 약속하기
- 내담자가 좋아하는 활동이나 시간 가는 줄 모르고 하는 활동을 격려하고, 때로 내담자가 요청할 때 함께 시간 보내기
- 가족원들이 모두 함께 할 수 있는 활동이나 일정을 정기적으로 마련하기 (예: 매주 토요일 아침은 자녀들이 준비해서 함께 아침 식사하기. 이때 어린이는 시리얼을 준비하고, 청소년은 빵과 잼을 준비하는 식으로 미성년자도 함께할 수 있음)
- 가족원마다 바뀌게 되는 역할과 그 역할의 내용을 구체적으로 내담자와 이야기하며 최대한 현실적인 역할 행동을 이해하고 연습하는 기회를 갖기 (예: 항상 운전을 해서 내담자를 학교 및 직장에 데려다 주던 아버지 대신 가족 중에서 누가 그 역할을 맡을 수 있는지, 혹은 자가용 대신 버스로 어떻게 대체할 수 있을지에 대해 이야기하기)

(5) 위로의 언어 및 비언어

어떤 말은 유익하지만, 어떤 말은 치명적이다. 또한, 말보다는 행동이 큰

위로가 될 때가 있다. 바로 애도 과제를 건강하고 일반적인 방식으로 할 수 있도록 돕고자 할 때이다. 그렇지만 애도자의 경험과 마음 상태에 대한 이해와 존중 없이 위로가 되는 말을 전하는 경우, 좋은 의도와는 달리 정작 애도자에게는 위로가 다른 의미로 전달될 수 있다. 이 경우 도움이 되기는커녕 오해, 불쾌감, 심지어 수치심을 불러일으켜, 애도자가 부가적인 상실을 경험하게 할 수 있다. 다음은 상담자가 애도자의 가족원들에게 심리교육을 할 때 가족원 간에 전달할 수 있는 위로 표현과 위로가 되지 않는 표현의 예시이다.

① 위로가 되는 표현

- "숙제(공부)를 혼자 하기 힘들 테니 같이 해 볼까? 도움이 필요한 부분을 알려 주면 도와줄게."
- "분명 힘든 시기일 것 같아. 얼마나 힘든지는 가늠할 수 없지만 어떤 말이 하고 싶거나, 울고 싶거나, 어딘가에 가고 싶거나, 그냥 누군가 옆에 말없이 있어 주길 원한다면 언제든지 나에게 말해 줘."
- "아빠(고인)를 떠올리면서 생각하고, 느끼고, 행동하는 게 전혀 이상한 게 아니야. 어떤 생각이 들었는지, 어떤 느낌이 들었는지 엄마(가족원 누구나)하고도 이야기를 나눠 줄 수 있어?"
- "정말 힘들구나(혹은 정말 힘들지?)."
- 따뜻한 눈길을 보내거나 고개를 끄덕이면서 손잡아 주기(필요하다면 안아 주기)

② 위로가 되지 않는 표현

- "괜찮아질 거야. 힘내."
- "아빠(고인)도 네가 이렇게 힘들어하는 걸 보면 슬플 거야. 얼른 털어 내고 일어나."
- "모두에게 일어난 일이야. 너만 힘든 게 아니야."

- "힘든 걸 잘 극복하고 나면 훨씬 나아. 훨씬 더 성장할 수 있어."
- "(아빠를 사별했어도) 적어도 네 옆에는 엄마와 형제자매들이 있잖아."

위로 표현이 애도자에게 제대로 전달되는 것은 위로하는 사람이 누군지, 애도자가 어떤 애도 과정에 있는지에 따라 다르지만, 반드시 기억해야 할 것은 애도자들이 혼란스러운 시기를 겪고 있으며 어떤 감정을 느끼든 자연스럽고 당연함을 이해해 주어야 한다는 점이다.

애도 상담 시작 전 가족과의 만남: 애도 평가 결과 및 치료 계획 안내

(1) 애도 평가 결과 제시

적절하다고 판단되면 치료 시작 전에 가족원에게 내담자의 애도 평가 결과를 제시한다(애도 평가에 대해서는 2장에서 자세하게 다룬다). 애도 평가 결과를 제시하는 것이 치료 계획을 안내하는 데 좋은 시작이 될 수 있기 때문이다. 내담자는 자신이 애도 이야기를 할 수 없다고 생각하거나, 애도가 필요함을 알면서도 자신만의 이유로 준비되지 않았을 수 있다. 어떤 내담자는 애도 감정(예: 슬픔)을 비교적 잘 감당하고 조절하며 애도 이야기를 자연스럽게 할 수 있지만, 또 다른 내담자는 애도 감정을 잘 알아차리지 못하거나 한 번 울음이 터지면 좀처럼 진정되지 않을 정도로 과잉 감정 상태에 있을 수 있다. 따라서 애도 과업 준비나, 애도 감정 표현 정도와 관련된 애도 평가 결과에 따라 내담자를 위한 개별적 치료 계획을 적절히 안내한다. 특히 애도 평가 결과에는 경우에 따라 표준화된 점수도 포함될 수 있다. 이를 가족원의 눈높이에 맞게 진솔하게 설명하면, 내담자는 자신의 애도 증상이나 죽음 이후의 현실을 덜 무섭게 받아들이고 낙인에 대한 걱정을 덜어 낼 수 있다.

(2) 치료 계획 공유

애도 평가 결과를 설명하고 나면 내담자의 어려움을 어떤 치료적인 과정으로 개선해 나갈 것인지, 내담자와 가족원의 강점을 어떻게 활용할 것인지에 대한 계획을 가족원과 공유할 수 있다. 이때 내담자가 성인이라면 내담자의 욕구에 따라 가족원과의 공동 회기에서 치료 계획을 공유할 수도 있고, 별도로 가족원에게만 전달할 수도 있다. 내담자가 어리다면(아동·청소년), 부모의 독단으로 내담자가 치료 계획 수립에서 배제될 가능성을 줄이기 위해 가급적 개별적으로 치료 계획을 공유하는 것이 안전하다.

치료 계획을 공유할 때 내담자의 강점이 치료 과정에서 어떻게 활용될 것인지 구체적이고 현실적으로 안내해야 한다. 가족원의 지지와 지원이 내담자가 자살 외상에서 회복할 수 있는 강력한 도구임을 강조하는 것도 중요하다. 이때 애도 심리교육 중 '가족원 역할 교육' 내용을 한 번 더 힘주어 설명할 수도 있을 것이다.

2장

애도 평가

애도 평가의 첫 단계는 내담자가 애도 작업을 위한 준비가 되었는지, 그리고 애도 과정의 어느 단계에 있는지를 확인하는 것이다. 예를 들어, 상실 경험 직후 내담자가 상담을 받으러 왔다고 해서 당연히 애도 중일 것이라고 단정할 수 없으며, 상실 후 오랜 시간이 흘렀다고 해서 충분한 애도 과정을 거쳤다고 판단하기도 어렵다. 따라서 상담자는 내담자의 애도 과정에 적절하게 개입하기 위해 애도 평가를 선행해야 한다.

전형적으로 초기 평가는 내담자와 여러 번의 상호작용을 통해 이루어진다. 상담자와 내담자 간에 라포가 깊어질수록, 애도 평가에 필요한 민감한 정보들을 얻기 쉬워진다. 또한 평가 과정에서 상담자는 내담자의 관점에만 의존하기보다 다양한 출처에서 정보를 수집하는 것이 바람직하다. 즉, 가까운 가족구성원, 내담자를 지지하는 사람들 또는 다른 분야의 전문가들에게도 평가와 관련된 자료를 얻는 것이 좋다. 초기 평가 및 라포 형성 과정을 통해 상담자는 내담자의 애도 과정을 깊이 이해하기 시작한다. 이를 바탕으로 상담자는 애도 단계와 과제, 외상적 애도의 증상 등을 면밀히 평가하고, 면담을 통해 내담자의 상태를 더욱 심층적으로 파악할 수 있다. 이와 같은 기본적 개념들을 상담자가 이해하고 있으면, 보다 면밀하고 정확하게 애도 평가를 실시할 수 있을 것이다.

1 애도의 단계

애도는 인간이 경험하는 가장 깊은 정서적 과정 중 하나로, 사랑하는 사람(때로는 그 대상이 사람이 아닌 사물이나 신체적 기능 등이 되기도 한다)의 상실에 대한 심리적 반응을 포함한다. 애도 과정은 시간의 흐름에 따라 여러 단계를 거치며, 개인에 따라 그 양상도 다르게 나타난다. 존 볼비(John Bowlby)와 엘리자베스 퀴블러로스(Elisabeth Kübler-Ross)는 애도의 과정을 단계별로 설명하며, 상실을 겪은 이들이 어떻게 고통을 경험하고 수용하며 다시 삶에 적응해 가는지를 체계적으로 분석하였다. 이러한 애도 단계는 애도자의 상황을 이해하는 데 유용하지만, 상담자는 애도의 세밀한 과정이 사람마다 다르게 나타날 수 있음을 인지하고 있어야 한다. 예를 들어, 어떤 애도자는 필요한 애도 단계를 건너뛰거나, 이전 단계로 회귀하는 모습을 보이기도 한다. 따라서 각 개인의 애도 과정을 유연하게 이해하고 접근할 필요가 있다.

애도 단계에 관해서 볼비와 퀴블러로스는 각기 다른 관점을 제안하였다. 먼저, 볼비는 소중한 사람과의 사별을 애착 붕괴 과정으로 보고, 이에 따른 애도 과정 4단계를 제시하였다. 퀴블러로스는 죽음에 이르기까지의 5단계를 애도 단계에 적용하여, 죽음이 임박한 사람과 그 중요한 가족원이 공통적으로 겪는 애도 방식을 이해하는 데 도움을 주었다.

볼비가 제안한 애도 과정

볼비는 애도를 소중한 사람과의 사별로 인해 중요한 타인에게 지녔던 애착의 붕괴로 보았으며, 그 경험을 애도의 과정으로 설명하였다(Bowlby, 1980). 그는 애도자가 상실의 현실을 점차 받아들이고 새로운 삶에 적응해 가는 과정을 4단계로 나누어 제시하였다. 이를 통해 상실 후 애착이 어떻게 변화하고, 애도자가 어떤 심리적 반응을 보이는지 이해할 수 있다.

- 1단계: 상실의 현실을 인정하지 못하고 정서적으로 무감각해지는 단계이다. 이러한 무감각은 애도자에게 극심한 정서적 고통을 일시적으로 완화해 준다.
- 2단계: 애착 대상을 되찾으려는 갈망과 찾기의 단계이다. 이 단계에서 애도자는 상실 대상이 여전히 존재한다는 단서를 찾으려고 한다. 예를 들어, 길을 걷는 사람이 고인과 닮았다면 그가 고인일 것이라고 생각하

기도 한다. 그러나 고인이 더 이상 존재하지 않음을 깨닫게 되면서 좌절감과 분노를 경험할 수 있다. 이러한 갈망 상태는 몇 달 혹은 몇 년간 지속될 수 있다.

- 3단계: 상실의 현실을 직면하며 혼란과 절망을 겪는 단계이다. 애도자는 고인이 살아 있을 때와 같은 애착 행동이 더 이상 소용없다는 것을 깨닫고 상실의 현실에 직면하게 된다. 이 단계에서 우울 증상이 나타날 수 있으며, 이전의 삶을 되찾을 수 있을지 불안과 의문을 가질 수 있다.
- 4단계: 고인이 없는 삶에 적응하며 새로운 변화를 수용하는 단계이다. 애도자는 고인이 없는 삶에 서서히 적응하며, 계속해서 삶을 이어 가야 한다는 사실을 인식하고 이에 따른 변화를 겪는다.

퀴블러로스가 제안한 애도 과정

퀴블러로스는 죽음의 5단계를 애도 과정에 적용하여, 죽음을 맞이한 사람과 그 가족원이 공통적으로 겪는 애도 과정을 이해하는 데 기여하였다(Kübler-Ross, 1969). 그는 애도자가 상실을 받아들이는 과정을 5단계로 나누어 설명하며, 각 단계에서 나타나는 심리적 변화를 구체적으로 제시하였다. 이를 통해 상실의 현실을 수용하고, 다시 삶에 적응하는 과정을 이해할 수 있다.

- 1단계: 충격, 부인, 고립을 경험하고 상실의 현실을 회피하려는 단계이다. 충격은 상실로 인한 극심한 절망에서 애도자가 스스로를 보호하기 위한 반응으로 나타날 수 있다. 애도자는 상실을 받아들이기보다는 이를 회피하려는 경향을 보일 수 있으며, 타인과의 관계에서 고립을 자처하거나, 회피 경향으로 인해 자연스럽게 주변인들로부터 고립되기도 한다. 부인은 상실을 인정하지 않으려는 일시적인 반응으로, 시간이 지나면 점차 상실을 수용하는 단계로 넘어가게 된다.

- 2단계: 자각과 감정의 표출 단계이다. 1단계가 지나면서 애도자는 고인의 죽음을 인식하게 되고 감정을 표출하기 시작한다. 이 과정에서 흔히 분노와 죄책감을 경험하는데, 분노는 고인, 자신, 혹은 주변 사람들에게 향할 수 있으며, 주로 상황을 바꿀 수 없다는 좌절감과 무기력감에서 기인할 수 있다.
- 3단계: 협상 단계로, 퀴블러로스는 분노 이후 애도자가 상실을 피하기 위해 신념이나 행동을 바꾸려 한다고 설명하였다. 애도자는 신과의 거래를 시도하면서 상실을 되돌릴 수 있다면 무엇이든 하겠다는 식의 약속을 하며 감정을 회피하려는 방법을 찾기도 한다.
- 4단계: 우울 단계로, 상실의 현실을 더 이상 부정할 수 없고 협상 시도가 실패했을 때 애도자는 깊은 우울감을 경험한다. 상실 이후 우울은 일반적인 반응이지만, 증상이 심각할 경우 주요우울장애로 발전할 수 있다.
- 5단계: 수용과 해소 단계로, 애도자는 상실의 현실을 받아들인다. 이 단계에서 애도자는 고인에 대해 이야기하고 추억하며, 다시 사회적 활동에 참여하면서 미래에 대한 희망을 되찾고 삶이 계속된다는 사실을 받아들인다.

2 애도 과제에 대한 이해

애도 과제(grief task)의 완수는 애도자가 적응적인 애도 과정을 통해 상실을 수용하고 일상에 복귀하는 데 중요하다. 대표적인 애도 연구자들인 린데만, 파크스와 와이스, 워든은 각기 다른 애도 과제를 제시하였으며(Lindemann, 1944; Parkes & Weiss, 1983; Worden, 1982), 이를 종합하여 현실적으로 상실을 경험한 이들의 애도 과제를 제시하고자 한다.

애도 과제는 크게 세 가지로 나뉜다. 첫 번째는 상실의 현실을 받아들이고

인정하는 것이다. 두 번째는 고인이 없는 세상에 적응하는 것이며, 세 번째는 고인과의 관계를 재정립하는 것이다. 이 세 가지 과제는 애도자가 상실로부터 회복하고 일상에서 새로운 삶의 방향을 찾는 데 중요한 역할을 한다. 각각의 과제는 슬픔을 마주하고 새로운 관계와 정체성을 형성하는 과정에서 필수적이다. 내담자의 애도 과정을 평가하고 개입 계획을 수립할 수 있도록 부록 1을 참고하여 계획을 세울 수 있다.

첫 번째 애도 과제: 상실의 현실을 받아들이고 인정하기

자살 유가족은 사랑하는 사람을 잃었다는 현실을 받아들이는 데 매우 큰 어려움을 겪을 수 있다. 자살과 같은 충격적인 사건은 상실을 인정하기 힘들게 하며, 죽음의 원인이 명확히 해결되지 않는 경우가 많아 애도자가 상실을 현실로 받아들이는 과정이 더욱 복잡해진다. 특히 자살 유가족은 고인의 죽음에 대해 자신이나 타인의 책임을 끊임없이 생각하며, 스스로에게 '내가 자살을 막을 수 있지 않았을까?'라는 질문을 지속적으로 던진다. 이처럼 애도자는 상실을 부정하고자 하는 모습을 보이는데, 이는 상실을 수용하는 과정을 지연시켜 애도를 복잡하게 하기도 한다.

애도 과정의 첫 단계는 상실을 직면하고 현실로 받아들이는 것이다. 물론 상실의 현실을 수용하게 되면 극심한 고통이 찾아올 수 있다. 하지만 이 고통을 인정하고 받아들이는 과정에서 상실의 기억, 사고, 감정에 반복적으로 직면하게 되고, 그 결과 애도자는 고인의 죽음이 되돌릴 수 없는 현실임을 서서히 인식한다. 예를 들어, 자살 유가족은 고인에 대해 반복적으로 이야기하고 죽음의 원인을 탐색하는 과정에서, 결국 더 이상 자신이 고인을 위해 할 수 있는 것이 없다는 사실을 받아들이게 되고, 이때 비로소 상실의 현실을 수용할 수 있게 된다.

상실을 수용하는 과정에서는 자기 비난이나 타인에 대한 원망을 점차 내려놓고, 상실의 아픔을 현실로 받아들이는 것이 필요하다. 즉 애도자는 자신의 감정을 반복적으로 마주하는 수용의 과정을 통해 서서히 상실의 현실을 받아들이며, 애도 과정의 중요한 첫 단계를 밟게 된다.

다음에 제시된 질문들은 상담자가 내담자의 애도 상태를 깊이 이해하고 적절하게 지원하는 데 도움이 될 중요한 점검 사항이다. 각 질문은 내담자가 어떤 애도 단계에 있는지, 그 과정에서 필요한 지지와 개입이 무엇인지 상담자가 세밀하게 관찰하고 효과적으로 반응할 수 있도록 안내한다. 특히 내담자가 상실의 현실을 수용하고 감정의 균형을 찾는 데 상담자가 어떻게 기여할 수 있는지에 대한 통찰을 제공할 수 있다.

첫 번째 애도 과제 단계에서 상담자가 점검할 질문

- 내담자는 현재 죽음을 직면할 수 있는 상태인가?

  내담자가 어떤 애도 단계에 있으며, 그 단계에서 어떤 감정적 반응을 보이는지 파악해야 한다. 내담자의 상태를 확인하고 이를 기반으로 개입을 조정할 필요가 있다.

- 내담자가 상실에 대해 자유롭게 말할 수 있도록 어떻게 도울 수 있는가?

  내담자가 자신의 생각과 감정을 표현하며 상실에 대해 편안하게 이야기할 수 있는 분위기를 조성하는 것이 필요하다. 상담자는 내담자가 애도의 과정을 안전하게 탐색할 수 있는 환경을 제공해야 한다.

- 내담자의 새로운 현실을 어떻게 설명할 수 있을까?

  내담자가 상실 이후 마주할 새로운 현실을 이해하고 수용하는 과정을 지지하기 위해 적절한 언어와 접근법을 살펴봐야 한다. 현실 수용을 돕는 언어와 접근을 점검해야 한다.

- 내담자가 새로운 현실에 직면하도록 조심스럽게 조력하면서도, 상실의 현실을 피하고자 하는 내담자의 욕구를 어느 정도 존중할 필요가 있을까?

  내담자가 회피하고자 하는 욕구를 일정 기간 존중하는 것이 도움이 될 수 있으며, 현실을 직면할 준비가 될 때까지의 기간을 조율할 필요가 있다.

- 내담자는 애도의 고통을 경험할 기회를 스스로에게 주고 있는가?

  고통을 겪고 있다면, 애도 과정에서 어떤 경험을 하고 있는지 살펴야 한다. 고통을 겪지 않는다면, 내담자가 상실의 감정을 어떻게 처리하는지 점검하고, 필요한 경우 적절한 방법으로 감정을 다룰 수 있도록 조력해야 한다.

- 내담자가 애도 과정에서 누군가의 지지를 받고 있다면 누구와 함께 슬픔을 나누고 있는가?

  내담자가 이용할 수 있는 사회적 지지 자원이 있는지 파악하고, 있다면 어떤 도움을 받고 있는지 살펴야 한다. 내담자가 애도 과정에서 누구의 지지를 받고 있으며, 그 지지가 충분하고 긍정적인 영향을 주고 있는지 확인할 필요가 있다.

- 내담자가 애도를 표현할 때, 자신이 이해받고 있다는 느낌을 상담자에게서 받고 있는가?

  상담자는 내담자에게 진정으로 공감하고 이해한 바를 전달하며, 감정을 안전하게 표현할 수 있도록 지원하고 있는지 점검해야 한다.

- 내담자가 고인에 대한 복합적인 감정의 균형을 찾도록 어떻게 도움을 줄 수 있는가?

  내담자가 양가감정을 자각하고 있거나, 자각하지 못한 (혹은 감춰진) 감정을 파악할 수 있도록 조력해야 한다. '고인에 대해 그리운 점은 무엇인가?'와 '그립지 않은 점은 무엇인가?'라는 질문을 통해 내담자가 고인에 대해 느끼는 긍정적 감정과 부정적 감정을 균형 있게 인식하도록 도울 수 있다. 고인과의 관계를 현실적으로 이해하도록 돕는 것은 애도 과정에서 중요한 통합의 과정이다.

두 번째 애도 과제: 고인이 없는 세상에 적응하기

애도자는 고인의 부재에도 불구하고 일상에서 여전히 고인을 떠올리며,

마치 고인이 아직 곁에 있는 것처럼 일상적 계획이나 선택에 고인을 포함하려 할 수 있다. 하지만 시간이 지나며 고인이 없는 현실에 점차 직면하게 되고, 그 과정에서 고통, 좌절감, 안정감의 상실을 마음 깊이 느낄 수 있다. 이때, 애도자는 고인의 부재로 인해 자신의 삶에 생긴 변화를 자각하고, 정서적·신체적·대인관계적·재정적 영역에서 고인이 없는 삶에 적응해 나갈 필요가 있다. 이러한 적응 과정을 통해 애도자는 새로운 역할이나 책임을 감당해야 하는 상황을 맞이하며, 경우에 따라 새로운 정체성을 형성하기도 한다. 상담자는 내담자가 고인이 없는 세상에 적응할 수 있도록 지지하고, 내담자가 겪고 있는 변화와 그로 인한 어려움을 이해하며 내담자를 이끌어 갈 수 있어야 한다.

두 번째 애도 과제 단계에서 상담자가 점검할 질문

- 고인의 역할이 내담자에게 어떤 영향을 주었는가?

  고인의 부재가 내담자의 생활에 어떤 구체적인 영향을 주었는지 파악한다.
- 고인의 부재로 인해 내담자에게 생긴 새로운 역할이나 책임은 무엇인가?

  내담자가 겪고 있는 역할 변화와 그 변화의 필요성을 인식하고 있는지 살피며, 새로운 역할에 적응하는 과정에서 겪는 어려움이나 혼란이 있는지 점검해야 한다.
- 내담자가 고인과 함께했던 것과 유사한 경험을 제공할 수 있는 다른 사람이 존재하는가?

  다른 사람이 고인의 역할을 대신할 수는 없지만, 내담자가 고인과 유사한 경험을 공유할 수 있는 역할 모델이 주변에 있는지 탐색해 볼 필요가 있다.
- 내담자는 어느 영역에서 고인의 부재로 인한 적응을 가장 어려워하는가?

  정서적, 신체적, 대인관계적, 재정적 영역 등 다양한 영역 중 내담자가 고인의 부재에 적응하기 가장 힘들어하는 영역이 무엇인지 파악하여, 그 영역에서의 어려움을 완화할 방안을 모색한다.

• 내담자는 고인의 부재로 생긴 삶의 공백을 새로운 의미로 채워 나가고 있는가?

내담자가 고인의 부재 이후 새롭게 자신의 정체성을 형성하거나, 삶의 새로운 의미를 찾기 위해 어떤 노력을 하고 있는지 이해한다.

세 번째 애도 과제: 고인과의 관계 재정립

애도자는 고인에게 향하던 심리적 에너지의 많은 부분을 서서히 거두고, 이를 다른 사람들과의 관계에 나누어 현재 전념할 사람과의 애착을 확인하거나, 새로운 애착을 형성할 필요가 있다. 이는 고인을 누군가로 대체하는 것이 아니라, 고인에 대한 추억과 관계가 마음속에 다른 형태로 자리 잡도록 하는 한편, 현재의 삶에 에너지를 집중하는 과정이다. 고인에 대한 기억은 지속적으로 애도자의 마음에 남아 있지만, 이제는 현실의 관계로부터 정서적 만족을 느끼고 새로운 애착 또는 기존 애착에 관한 새로운 의미를 형성하는 것이 중요하다.

고인과의 관계는 이제 애도자의 현실이 아닌 기억 속의 관계로 재정립된다. 이는 고인이 더 이상 물리적으로 함께하지 않음을 받아들이는 과정이다. 이로써 애도자는 고인을 기억의 한 부분으로 간직하면서도 현재의 삶과 관계를 이어 나갈 수 있다. 예를 들어, 고인과 함께한 특별한 추억을 소중히 간직하면서 그것을 필요에 따라 주변인들과 나눌 수 있다. 이와 동시에, 새로운 사람들과의 관계 속에서 새로운 경험을 쌓아 가는 것이 필요하다. 상담자는 내담자가 고인과의 관계를 안정적으로 정립하여, 고인을 마음속에 두면서도 현재의 삶에 집중할 수 있도록 조력할 수 있다.

세 번째 애도 과제 단계에서 상담자가 점검할 질문

• 내담자가 고인의 부재를 받아들이지 못하게 하는 주요 장애물은 무엇인가?

내담자가 고인과의 관계를 재정립하는 데 있어서 심리적, 정서적으로 방해되는 요인이 무엇인지 파악해야 한다. 이는 고인에 대한 죄책감이나, 그리움, 미해결된 감정일 수 있으며, 이를 탐색함으로써 내담자가 고인에 대한 기억과 관계를 잘 정리하도록 조력할 수 있다.

- 내담자는 고인을 어떻게 기억하고 있으며, 이러한 기억이 현재의 삶에 어떤 영향을 미치는가?

  고인에 대한 내담자의 기억과 고인과의 관계가 내담자의 현재의 삶에 어떤 영향을 주는지 확인한다. 예를 들어, 고인을 떠올릴 때 느끼는 감정이 현재의 삶에 긍정적인 영향을 주는지, 아니면 여전히 고통을 유발하는지 이해할 필요가 있다.

- 내담자는 고인에 대한 의식을 어떻게 다루는가? 과거에 함께하던 활동을 누구와 함께하는가?

  내담자가 고인과의 추억을 어떻게 기리고, 이를 다른 사람들과 어떻게 공유하고 있는지 탐색한다. 예를 들어, 고인의 생일에 가족과 함께 고인을 기리는 소규모 의식을 치르며 고인을 기억하는지, 고인과 자주 하던 취미 활동(반드시 고인과 관련되지 않아도 된다)을 친구와 함께하며 그 활동에 대한 즐거움을 새롭게 느끼는지, 그래서 현재의 삶과 관계 속에서 집중하고 있는지를 파악할 수 있다.

- 내담자가 고인에게 느꼈던 정서적 에너지를 다른 사람과의 관계에서 나누며 만족을 느끼고 있는가?

  고인을 대체하는 것이 아니라, 고인을 향했던 에너지를 타인과의 관계에서 조금씩 나누어 유의미한 정서적 유대를 형성하고 있는지 점검한다.

- 내담자는 현재의 관계에서 어떤 새로운 애착을 형성해 나가고 있는가?

  내담자가 현재의 관계 속에서 새로운 정서적 애착을 형성하고 있는지를 파악한다. 새로운 관계를 통해 내담자가 긍정적인 정서를 느끼고, 고인의 부재로 인한 공백을 건강하게 채워 나가고 있는지를 확인한다.

3 애도 증상 이외에 함께 나타날 수 있는 증상

애도 과정에서 슬픔과 상실감은 자연스럽게 나타나는 반응이지만, 다른 정신적 증상이 함께 나타날 수도 있다. 특히, 애도 증상과 흔히 함께 나타나는 증상으로는 주요우울장애, 외상후 스트레스장애, 분리불안장애와 관련된 증상 등이 있다. 이러한 증상들은 애도의 고통을 심화시키고 과정 자체를 더욱 복잡하게 만들기 때문에, 상담자는 자살 유가족의 애도 증상 외에도 동반될 수 있는 다양한 정신적 증상을 세심하게 평가해야 한다. 이는 내담자가 겪고 있는 고통의 특성을 정확히 파악하고 구별하여 적절한 개입 전략을 수립하는 데 필수적이다. 심층적인 애도 평가에 앞서, 애도 이외의 심각한 정신적 증상을 확인하여 애도 중심의 개입이 바로 필요할지, 혹은 다른 정신적 질병에 대한 치료 개입이 우선되어야 할지를 결정하는 것이 중요하다.

우울

우울 증상은 애도와 주요우울장애 모두에서 나타날 수 있지만, 그 표현 양상에는 차이가 있다. 주요우울장애는 신체적 피로, 낮은 에너지 수준, 자기 비난, 절망감 등을 특징으로 하며, 주요우울장애를 앓는 사람은 주변의 지지나 위로에 거의 반응하지 않는다. 이들은 지속적으로 무기력하고 공허한 감정을 느끼며, 일상에서 기쁨이나 안도감을 거의 경험하지 못한다.

반면, 단순히 애도 과정에서의 슬픔을 겪는 사람은 비록 깊은 공허감을 느끼더라도 가족이나 친구의 위로에 어느 정도 반응하며, 때로는 긍정적인 순간도 경험할 수 있다. 자살 유가족에게도 우울과 유사한 증상이 나타날 수 있지만, 증상이 만성적이거나 과도할 경우 주요우울장애로 발전할 가능성이 있어 면밀한 평가가 필요하다. 상담자는 내담자가 정상적인 애도 반응으로서 슬픔을 경험하는지, 아니면 주요우울장애와 같은 심각한 우울 증상을 보이는지를 구분하여 필요한 경우 우울장애 치료와 애도 상담을 병행해야 한다.

외상후 스트레스장애

외상후 스트레스장애(post traumatic stress disorder: PTSD)는 심각하거나 폭력적인 사건을 경험한 후 나타날 수 있는 장애로, 실제적이거나 위협적인 죽음, 심각한 부상, 성폭력과 같은 외상 사건에 대한 노출이 주 원인이다. PTSD를 겪는 사람은 외상성 사건을 떠올리게 하는 상황을 회피하려는 특징을 보인다. PTSD의 핵심 정서는 외상이 반복될지 모른다는 두려움이며, 이로 인해 상실을 경험한 개인들은 일상생활에 어려움을 겪는다.

하지만 자살 유가족의 애도는 고인에 대한 깊은 슬픔과 그리움이 주된 감정이며, 고인에 대한 갈망이 주된 특징이다. 따라서 고인과 자신을 분리하고 잊으려는 행동이 고인을 배신하는 것이라고 여기기도 한다. 보통 PTSD를 겪는 사람은 외상 사건을 침습적으로 재경험(예: 외상 사건을 반복적으로 떠올림, 외상 사건과 관련한 악몽을 꿈)하거나 외상 사건과 관련한 기억·사고·감정을 회피하려는 경향을 보이는 반면, 자살 유가족의 애도는 오히려 고인과의 관계와 추억을 떠올리며, 분리로 인한 고통과 관련된 생각에 초점을 둔다.

구체적인 PTSD 진단기준으로는 미국정신의학협회(American Psychiatric Association: APA)의 정신질환 진단 및 통계 편람(Diagnostic and Statistical Manual of Mental Disorders: DSM)을 참고할 수 있다(APA, 2022). 다음은 그 진단기준에 해당하는 내용을 발췌한 것이다.

DSM-5-TR 외상후 스트레스장애(Posttraumatic Stress Disorder) 진단기준

주의점: 이 기준은 성인, 청소년 그리고 6세를 넘은 아동에게 적용한다. 6세 이하의 아동을 위해서는 다음의 해당 기준을 보시오.

A. 실제적이거나 위협적인 죽음, 심각한 부상, 또는 성폭력에의 노출이 다음과 같은 방식 가운데 한 가지(또는 그 이상)에서 나타난다.
1. 외상성 사건(들)에 대한 직접적인 경험
2. 그 사건(들)이 다른 사람들에게 일어난 것을 생생하게 목격함
3. 외상성 사건(들)이 가족, 가까운 친척 또는 친한 친구에게 일어난 것을 알게 됨. 가족 친척 또는 친구에게 생긴 실제적이거나 위협적인 죽음은 그 사건들이 폭력적이거나 돌발적으로 발생한 것이어야만 한다.
4. 외상성 사건(들)의 혐오스러운 세부 사항에 대한 반복적이거나 지나친 노출의 경험(예, 변사체 처리의 최초 대처자, 아동 학대의 세부 사항에 반복적으로 노출된 경찰관)
B. 외상성 사건(들)이 일어난 후에 시작된, 외상성 사건(들)과 연관이 있는 침습 증상의 존재가 다음 중 한 가지(또는 그 이상)에서 나타난다.
1. 외상성 사건(들)의 반복적, 불수의적이고, 침습적인 고통스러운 기억
2. 꿈의 내용과 정동이 외상성 사건(들)과 관련되는 반복적으로 나타나는 고통스러운 꿈
3. 외상성 사건(들)이 재생되는 것처럼 그 개인이 느끼고 행동하게 되는 해리성 반응(예, 플래시백) (그러한 반응은 연속선상에서 나타나며, 가장 극한 표현은 현재 주변 상황에 대한 인식의 완전한 소실일 수 있음)
4. 외상성 사건(들)을 상징하거나 닮은 내부 또는 외부의 단서에 노출되었을 때 나타나는 극심하거나 장기적인 심리적 고통
5. 외상성 사건(들)을 상징하거나 닮은 내부 또는 외부의 단서에 대한 뚜렷한 생리적 반응
C. 외상성 사건(들)이 일어난 후에 시작된, 외상성 사건(들)과 연관이 있는 자극에 대한 지속적인 회피가 다음 중 한 가지 또는 2가지 모두에서 명백하다.
1. 외상성 사건(들)에 대한 또는 밀접한 연관이 있는 고통스러운 기억, 생각 또는 느낌을 회피 또는 회피하려는 노력
2. 외상성 사건(들)에 대한 또는 밀접한 연관이 있는 고통스러운 기억, 생각 또는 느낌을 불러일으키는 외부적 암시(사람, 장소, 대화, 행동, 사물, 상황)를 회피 또는 회피하려는 노력
D. 외상성 사건(들)이 일어난 후에 시작되거나 악화된, 외상성 사건(들)과 연관이 있는 인지와 기분의 부정적 변화가 다음 중 2가지(또는 그 이상)에서 나타난다.
1. 외상성 사건(들)의 중요한 부분을 기억할 수 없는 무능력(두부 외상, 알코올 또는 약물 등의 이유가 아니며 전형적으로 해리성 기억상실에 기인)
2. 자신, 다른 사람 또는 세계에 대한 지속적이고 과장된 부정적인 믿음 또는 예상(예, "나는 나쁘다." "누구도 믿을 수 없다." "이 세계는 전적으로 위험하다." "나의 전체 신경계는 영구적으로 파괴되었다.")
3. 외상성 사건(들)의 원인 또는 결과에 대하여 지속적으로 왜곡된 인지를 하여 자신 또는 다른 사람을 비난함
4. 지속적으로 부정적인 감정 상태(예, 공포, 경악, 화, 죄책감 또는 수치심)
5. 수요 활동에 대해 현저하게 저하된 흥미 또는 참여
6. 다른 사람과의 사이가 멀어지거나 소원해지는 느낌

7. 긍정적 감정을 경험할 수 없는 지속적인 무능력(예, 행복, 만족 또는 사랑의 느낌을 경험할 수 없는 무능력)

E. 외상성 사건(들)이 일어난 후에 시작되거나 악화된, 외상성 사건(들)과 연관이 있는 각성과 반응성의 뚜렷한 변화가 다음 중 2가지(또는 그 이상)에서 현저하다.

1. 전형적으로 사람 또는 사물에 대한 언어적 또는 신체적 공격성으로 표현되는 민감한 행동과 분노폭발(자극이 거의 없거나 아예 없이)
2. 무모하거나 자기파괴적 행동
3. 과각성
4. 과장된 놀람 반응
5. 집중력의 문제
6. 수면 교란(예, 수면을 취하거나 유지하는 데 어려움 또는 불안정한 수면)

F. 장해(진단기준 B, C, D 그리고 E)의 기간이 1개월을 넘어야 한다.

G. 장해가 사회적, 직업적, 또는 다른 중요한 기능 영역에서 임상적으로 현저한 고통이나 손상을 초래한다.

H. 장해가 물질(예, 치료약물이나 알코올)의 생리적 효과나 다른 의학적 상태로 인한 것이 아니다.

분리불안장애

분리불안장애는 주요 애착 대상과의 분리 상황에서 과도한 공포와 불안을 느끼며, 일상생활에 심각한 지장을 초래할 수 있다. 특히 분리불안장애는 애착 대상이 옆에 없을 때 극심한 불안을 느끼고, 대상이 돌아올 때까지 안정을 찾지 못하는 특징이 있다. 이는 주로 어린 시기에 발생하지만 성인기에도 나타날 수 있으며, 성인기 분리불안장애는 가족, 배우자, 가까운 애착 대상과의 관계에서 나타나기 쉽다.

자살 유가족의 애도는 고인의 사망으로 인한 분리에서 비롯된 슬픔과 상실의 감정에 초점을 맞춘다. 이러한 애도는 애착 대상의 죽음에 대한 슬픔과 그리움을 경험하고 고인의 부재를 수용하며 정서적 안정을 찾으려는 반응으로, 분리불안장애에서 나타나는 현재의 애착 대상과의 분리 공포와는 근본적으로 다르다.

기타 정신건강 문제

자살 유가족은 애도 과정에서 비현실적인 감각 경험을 일시적으로 겪을 수 있으며, 이는 다른 정신 장애와 유사해 보일 수 있다. 자살 유가족은 때때로 고인의 모습을 보거나, 고인의 촉감, 목소리를 느끼는 등의 감각적 착각을 경험할 수 있다. 이는 대개 강렬한 정서적 반응에서 비롯되며, 고인을 기억하고 싶은 내담자의 깊은 애정에서 기인하는 일시적 현상이다.

이러한 감각적 경험은 정상적인 애도 반응으로 간주되며, 시간이 지나면서 자연스럽게 사라진다. 그러나 정신병적 장애로 진단되기 위해서는 망상, 와해된 사고, 음성 증상과 같은 다른 정신병적 증상이 함께 나타나야 한다. 상담자는 내담자가 일시적 감각 경험을 정상적인 애도 반응으로 받아들일 수 있도록 돕고, 이를 정신병적 장애와 구별하여 내담자가 고인을 건강하게 기억할 수 있도록 지지하는 것이 중요하다.

4 아동·청소년의 애도 평가

아동·청소년이 가족구성원의 자살로 인한 상실을 경험할 경우, 성인보다 훨씬 심각한 영향을 받을 수 있다. 이는 아동·청소년이 가족, 학교, 또래 집단 속에서 정체성을 형성하고 자아를 확립해 가는 중요한 시기에 있기 때문이다. 부모나 보호자의 갑작스러운 죽음은 아동·청소년의 발달 과정에 큰 영향을 주며, 상실 이후 정신건강에 지속적인 영향을 미칠 수 있다(Kuramoto et al., 2009).

선행 연구에 따르면, 부모의 자살을 경험한 아동·청소년은 상실 후 약 2년 동안 우울, 불안, PTSD 등의 정신건강 문제를 지속적으로 겪는 경우가 많으며, 성인이 되었을 때 자살 관련 행동을 보일 위험성도 높아진다(서청희, 이성규, 2019; Cerel et al., 2006). 이를 고려할 때, 아동·청소년의 애도 평가에서는 우울, 불안, 외상후 스트레스장애 외에도 자살 사고, 자살 의도나 계획 그리고 물질 남용 문제까지 포괄적으로 평가하는 것이 필수적이다. 이를 위해 아동·청소년과의 개별적인 회기를 통해 구체적인 정보를 얻고, 부모나 보호자와 함께 진행하는 평가를 병행하는 것이 중요하다.

외상적 애도의 필수 평가 요소

아동기 외상적 애도를 평가할 때는 특정한 핵심 요소들을 고려하는 것이 중요하다. 첫 번째로, 아동이 중요한 사람의 죽음을 외상적 사건으로 인식했는지 평가해야 한다. 이를 통해 이후 애도 과정이 아동에게 어떻게 영향을 주었는지를 보다 구체적으로 파악할 수 있다.

다음으로, PTSD 증상의 존재 여부를 확인하는 것이 필수적이다. 아동이 PTSD 증상을 겪고 있다면, 이러한 증상들은 아동의 애도 반응에 밀접하게 연결되어 심각한 고통을 수반할 수 있다. PTSD 증상이 나타날 경우, 아동이 느끼는 고통이 일반적인 애도 반응을 넘어 외상 수준에 이르렀음을 시사한다. 이를 통해 아동이 경험하는 고통의 깊이와 애도 반응의 성격을 이해할 수 있다.

마지막으로, 복합 애도 반응의 가능성을 평가해야 한다. 이는 PTSD 증상이 아동의 일반적인 애도 반응을 방해하여 복합적인 애도가 장기적으로 지속되는지를 확인하는 과정이다. PTSD가 일반적인 애도 과정을 방해하여 심리적 고통이 더욱 복합적으로 나타나는 경우, 아동의 애도 반응이 심각한 문제로 이어질 수 있다. 따라서 복합 애도 반응이 나타나는지를 면밀히 살펴봄으로써 아동이 경험하는 애도의 문제를 보다 정확하게 파악해야 한다.

PTSD 증상 평가 방법

아동의 PTSD 증상을 평가할 때는 아동의 발달 단계와 상황에 맞는 세심한 접근이 필요하다. 아동의 이해 수준에 따라 질문과 평가 방식을 조정해야 하며, 부모의 관찰과 아동의 직접적인 보고를 함께 활용하여 종합적인 평가가 이루어질 수 있도록 해야 한다.

우선, 아동의 발달 단계에 맞춰 PTSD 증상에 대한 질문을 조정하는 것이 중요하다. 이는 아동의 이해와 반응을 이끌어 내는 데 효과적이다. 예를 들어 어린 아동의 경우, 침습적 사고나 회피 행동과 같은 일부 PTSD 증상은 아동의 내면적 경험에 속하므로, 아동이 이러한 경험을 직접 보고할 수 있도록 유도해야 한다. 이때, 놀이와 같은 방법을 통해 질문을 던질 수 있고, 이를 통해 아동의 외상 경험에 따른 생각과 감정 반응을 자연스럽게 살펴볼 수 있다. 반면, 나이가 많은 청소년에게는 보다 직접적으로 질문하여 구체적이고 명확한 정보를 얻을 수 있다.

또한 부모의 관찰 보고를 적극적으로 활용하는 것도 중요하다. 예를 들어, 아동의 예민함이나 외상과 관련된 놀이와 같은 특정 PTSD 증상은 부모가 일상생활 속에서 더 쉽게 관찰할 수 있는 부분이다. 부모는 아동의 일상적인 행동 변화를 지속적으로 주의 깊게 관찰할 수 있기 때문에, 이러한 보고는 아동의 정서 상태와 행동 변화를 파악하는 데 매우 유용한 정보를 제공한다.

이와 같은 다각적 접근을 통해 아동의 PTSD 증상을 보다 정확하게 평가할 수 있으며, 이는 아동의 심리적 회복을 돕기 위한 중요 기초 자료가 될 수 있다.

외상적 애도 평가 피드백 제공 절차

아동과 가족에게 평가 결과에 대해 피드백하는 과정은 치료 협력을 도모하는 중요한 절차이다. 치료를 시작하기 전에 아동과 부모 모두에게 평가 결과와 치료 계획을 명확히 설명함으로써, 가족이 평가 결과를 이해하고 안심하며, 치료 과정에 적극적으로 참여할 수 있도록 돕는 것이 중요하다. 이는 특히 상담자가 외상이 가족에게 미치는 영향을 충분히 이해하고 있음을 부모와 아동이 확신할 수 있게 함으로써 신뢰감을 형성하는 데에도 기여한다.

우선, 결과 설명 단계에서는 평가 결과를 솔직하고 투명하게 설명하고, 표준화된 점수가 있다면 함께 제공하여 가족이 결과를 객관적으로 받아들일 수 있도록 한다. 또한 아동의 재능, 관심사, 학업 성취, 건강한 관계 형성 능력 등 강점을 포함함으로써, 평가 결과와 긍정적인 면을 함께 강조한다. 이를 통해 아동의 자존감을 높이고, 가족이 아동의 강점을 인식할 수 있도록 하여 치료의 원활한 시작을 유도한다.

다음으로, 치료 계획 설명 단계에서는 아동의 어려움을 다루는 방식과 강점을 활용하는 구체적인 치료 계획을 제시한다. 치료 과정의 구조화를 위해 아동과 부모의 개별 회기 및 공동 회기에 대해 안내하여 전반적인 치료 진행에 대한 이해를 돕는다. 부모 회기에서는 아동의 평가 결과를 구체적으로 설명하고, 아동 회기에서는 연령에 맞추어 결과와 강점을 전달한다. 이 과정에서 부모의 지지와 역할이 아동의 외상 회복에 강력한 영향을 미칠 수 있음을 강조하여, 부모가 치료 과정에서 수행하는 중요한 역할을 인식할 수 있도록 한다.

마지막으로, 지속적 평가와 피드백 제공을 통해 치료 전반에 걸쳐 비공식적 평가를 시행하며 아동의 상태 변화와 치료 효과를 지속적으로 점검한다. 여기서 비공식적 평가란 형식적인 검사나 설문지를 사용하기보다는 치료 과정 중에 아동의 상태 변화(예: 매 회기마다 보이는 감정 표현, 행동 패턴, 의사소통 방식 등)를 자연스럽게 관찰하는 방식이다. 이를 바탕으로 상담자의 직관과 경험을 통해 치료가 잘 진행되고 있는지 가늠한다. 이를 통해 치료를 아동의 상태에 맞추어 유연하게 진행할 수 있으며, 필요에 따라 즉각적인 피드백과 반응을 제공하여 아동의 심리적 회복을 돕는다.

5 애도 면담 평가

애도 중인 내담자를 평가할 때, 면담을 통해 정서적 지지와 중요한 정보를 수집하는 과정이 필요하다. 특히 자살로 가족을 잃은 내담자는 복합적인 감정을 겪을 가능성이 높기 때문에, 평가 과정에서 신뢰 관계를 형성하고 정서적 안정을 제공하는 것이 매우 중요하다. 애도 면담 평가는 내담자가 상실의 경험을 이야기할 수 있는 편안한 환경을 조성하고, 내담자의 애도 과정과 자살 사고 여부를 구체적으로 파악하기 위한 다양한 접근을 포함한다.

이 평가 과정에서는 내담자와의 라포 형성, 자살 사고 평가, 반구조화된 면담을 통한 구체적 정보 수집을 주요 요소로 삼는다. 각 단계는 내담자가 경험하는 애도의 복잡성을 이해하고, 그 과정에서의 위험 요소와 필요한 지원 요소를 정확히 파악하는 데 도움을 준다. 이를 통해 내담자가 자신의 애도 과정을 적응적으로 이어 갈 수 있도록 돕고, 필요한 경우 즉각적인 개입을 할 수 있는 기반을 마련하는 것이 면담 평가의 궁극적인 목표이다.

애도 면담

애도 중인 내담자를 평가하는 과정에서는 초기 단계부터 신뢰할 수 있는 관계를 형성하는 것이 매우 중요하다. 상실의 경험을 충분히 이야기할 수 있으려면 시간이 걸릴 수 있기 때문에, 면담 초기에는 내담자가 이야기하고자 하는 주제를 존중하며 회기의 방향을 잡아 나가는 것이 바람직하다. 이를 통해 내담자는 상담자가 자신의 감정을 판단하지 않는다고 느껴 더욱 편하게 이야기할 수 있다. 첫 회기의 최우선 목표는 내담자에게 안정감을 제공하고, 애도 과정을 점차 적응적으로 감당해 나갈 수 있다는 희망을 심어 주는 것이다. 이를 위해 다음과 같은 기술을 사용하는 것이 효과적일 수 있다.

- 적극적 경청: 내담자의 감정을 경청하며 반응한다.
- 공감적 어조: 내담자의 감정을 이해하고 수용하는 어조로 표현한다.
- 수용적인 비언어적 표현: 몸짓과 표정 등을 통해 내담자의 감정을 수용한다는 태도를 나타낸다.
- 솔직하고 사실적인 용어 사용: 내담자가 부담 없이 이해할 수 있는 용어로 설명한다.
- 비판단적 태도: 내담자의 감정을 판단하지 않고 존중하며 받아들인다.
- 진실성과 무조건적인 긍정적 수용: 내담자의 이야기를 진심으로 수용하고, 긍정적인 태도로 대한다.

또한 애도자의 자살 사고를 구체적으로 평가해야 한다. 면담 회기 말미에는 척도 질문을 활용해 내담자가 자살 사고를 얼마나 느끼는지 0~10점으로 평가하도록 하여, 위기 수준을 파악하고 필요한 개입을 준비할 수 있도록 한다. 마지막으로, 평가 정보를 수집하는 데는 일정한 질문 틀을 갖되 유연한 대화를 허용하는 면담 방식인 반구조화된 면담이 효과적이다. 반구조화된 면담은 상담자가 사전에 준비한 질문을 중심으로 하면서도, 내담자의 반응에 따라 질문의 순서나 내용을 조정할 수 있는 면담 방식이다. 반구조화된 면담을 통해 상담자는 내담자의 상황에 따라 적절한 질문을 선택하고, 내담자가 자살 유가족으로서 경험하는 애도 과정과 전반적인 기능 상태를 이해할 수 있다. 면담에 사용되는 질문들은 내담자에 대한 정보를 구체화하기 위해 설계되었으며, 기본적인 정보와 기능 상태에 대한 질문을 부록 2의 '애도 평가를 위한 일반적인 기능 상태 확인 질문'을 참고하여 살펴볼 수 있다. 이러한 면담 방식을 통해 내담자의 애도 과정을 보다 깊이 이해하고 필요한 지원을 제공할 수 있다.

애도 평가를 위한 질문

애도 평가를 위한 질문 목록은 내담자의 애도 과정을 깊이 이해하고 필요에 따라 적절한 지원을 제공할 목적으로 마련되었다. 이 질문들은 내담자가 자살 유가족으로서 겪는 감정과 경험을 구체적으로 파악하는 데 도움을 주며, 내담자의 현재 상태와 기능 수준을 평가하는 데 유용한 정보를 얻을 수 있게 한다. 상담자는 내담자의 상황과 개별적인 필요에 따라 이 질문들을 임상적으로 적절하게 선택하여 유연하게 활용할 수 있다. 앞서 소개한 부록 2에는 일반적인 기능 상태를 확인할 수 있는 애도 평가 도구가 수록되어 있다. 이를 통해 애도 과정에서의 일상적 기능이나 감정적 변화를 평가하고, 개인의 회복 상태를 파악할 수 있다. 애도 평가 도구를 사용하기 전에 다음의 자살 경험 질문을 통해 내담자의 애도 과정 경험에 대한 깊이 있는 이해를 도울 수 있다.

(1) 자살 경험에 대한 탐색

① 고인의 죽음은 언제, 어떻게 발생하였나요?

- 죽음을 예측할 수 있었나요?
- 자살 방법이 폭력적이었나요?
- 자살 또는 죽음 장면을 직접 목격했나요?
- 죽음 소식을 들었을 때, 당신은 어디에서 무엇을 하고 있었나요?
- 고인을 누가 발견했고, 시신은 어떻게 수습했나요?
- 장례식장에서 시신을 보았나요?
- 고인의 유골은 어디에 어떻게 안치했으며, 그 과정에서 후회되는 부분은 없었나요?

② 죽음 직후 어떤 경험을 하였나요?

- 죽음 소식을 듣자마자(죽음을 목격하자마자) 어떤 느낌이었나요?
- 고인의 사망 직후, 첫날, 첫 주는 어땠나요?

- 죽음은 불가피했다고 생각하나요? 막을 수 있었나요?
- 고인의 사망과 관련하여 후회되는 일이 있나요?

③ 고인의 죽음에 대해 다른 사람의 반응은 어땠나요?

- 부고를 누구에게 알렸나요?
- 고인이 자살했다는 사실을 누구에게 어떻게 알렸나요? 알리지 못했다면 그 이유는 무엇인가요?
- 죽음의 원인이 자살임을 알렸을 때, 주변의 반응은 어땠나요?
- 다른 사람의 어떤 말과 행동이 위로 또는 상처가 되었나요?

(2) 고인과 내담자의 관계 탐색

① 고인은 어떤 사람이었나요?

- 고인과의 관계는 어땠나요?
- 고인과의 친밀도는 어땠나요?
- 당신의 삶에서 고인은 어떤 역할을 했고, 어떤 영향을 주었나요?
- 고인과 관련된 꿈을 꾼 적이 있나요? 있다면 어떤 꿈이었나요?
- 고인의 유품을 어떻게 처리했나요?
- 고인을 떠올릴 때, 어떤 기분이 드나요?
- 고인에 대한 좋은 기억은 무엇인가요?
- 고인에게 전하고 싶은 말이 있나요?
- 고인의 모습을 어떻게 기억하고 있나요?
- 고인과의 관계에서 고통과 죄책감을 불러일으키는 기억이 있나요? 있다면 무엇인가요?
- 고인에게 용서를 구하거나 받을 일이 있나요? 있다면 어떤 형태로 용서를 구하거나 받을 수 있나요?
- 고인에게 즐거움과 안정감, 자랑스러움을 느꼈던 기억은 무엇인가요?
- 고인의 장점과 특징은 무엇인가요?

② 고인이 사망한 후 당신의 삶에서 일어난 변화는 무엇인가요?

• 고인이 사망하면서 당신의 삶에서 잃어버린 것은 무엇인가요?
• 당신에게 가장 도움이 되는 것은 무엇인가요?
• 당신에게 가장 도움이 되지 않은 것은 무엇인가요?
• 당신에게 가장 어렵거나 힘든 것은 무엇인가요?
• 고인의 사망 이후 당신의 삶이나 세계관이 바뀌었나요?

(3) 애도 과정 탐색

• 상실 경험 직후 일상을 어떻게 보내고 있나요?
• 현재 느끼는 감정이 무엇인가요?
• 애도 감정이 얼마나 지속했나요?
• 애도 감정이 얼마나 극심했나요?(1~10점으로 표시해 주세요) 그 감정은 끊임없이 계속되나요? 아니면 나타났다 사라지나요?
• 애도의 어떤 측면이 당신에게 어려움을 초래하나요?
• 상실 이후 어떻게 적응하였나요?

(4) 상실 이전 기능

① 고인의 사망 이전에 심리적 또는 대인관계 문제를 경험했나요?

• 그 문제는 얼마나 지속되었나요?
• 문제 해결을 위해 어떤 시도를 했나요? 반복되는 문제라면 과거에는 무엇이 도움이 되었나요?
• 문제 해결에 도움이 될 자원은 무엇인가요? 이 문제에 대해 치료를 받은 적이 있나요?
• 지금 도움을 요청한 이유는 무엇인가요?

② 이전에 당신이 겪었던 다른 상실은 무엇인가요?

• 그 상실이 당신에게 어떤 영향을 주었나요?

- 그 상실에 어떻게 대처했나요?

(5) 문화적 관점에서의 애도

- 당신 가족의 애도 문화는 무엇인가요?
- 상실과 관련된 가족 의식은 무엇인가요?
- 가족의 종교적 전통이 당신의 애도 반응에 어떤 영향을 주었나요?
- 애도 과정에서 영향을 준 특정 가족관이 있나요?
- 애도를 표현하는 방식이 가족들과 얼마나 유사하고 어떻게 다른가요?
- 애도 과정에서의 행동에 대한 명시적·암묵적 규칙은 어떤 것이 있었나요?
- 문화적 및 종교적 경험이 애도 경험에 어떤 영향을 미쳤나요?

(6) 영적 관점에서의 애도

- 상실로 인해 영적으로 도움이 된 것이 있나요?(예: 타인 및 가족원에게 소중하고 감사함을 느낌, 유사한 경험을 한 사람을 돕고 싶음, 스스로 정체성을 재확립함 등)
- 상실로 인하여 영적으로 도움이 되지 않는 것이 있나요?(예: 자연과 우주와 끊어진 연결감, 고인이 자살했기 때문에 천국에 가지 못한다고 말하는 공동체나 종교 지도자, 신 또는 초월적 힘에 대한 불신과 원망)

(7) 샐리비의 강점 기반 질문

- 그 많은 어려움 속에서도 어떻게 지금까지 잘 버텨 왔나요?
- 당신에게 특별한 이해와 지지, 조언을 해준 사람은 누구인가요?
- 다시 찾고 싶은 당신의 세계나 존재의 일부는 무엇인가요?
- 당신의 희망, 비전, 포부는 무엇인가요?
- 당신의 목표 성취나 과거의 능력을 회복하는 데 제가 어떻게 도울 수 있을까요?

- 당신이 가장 자랑스럽게 생각하는 것은 무엇인가요?
- 현재 상황에 대한 당신의 생각은 무엇인가요?
- 생각, 감정, 행동, 관계 등이 어떻게 변했으면 하나요?

(Saleebey, 2006)

위 질문들은 내담자의 상실 및 애도 과정을 이해하는 데 매우 유익하다. 다만, 상담자는 내담자가 보이는 언어적 및 비언어적 태도, 내담자의 발달 수준, 인지적 수준, 신체 상태, 현재 정서적 수용성 등을 고려해 존중과 세심함을 갖고 질문을 제시해야 한다. 또한, 상담자가 애도 평가를 한다는 목적으로 상담자와 내담자가 번갈아 가면서 질문-응답 식으로만 진행하는 것은 바람직하지 않다. 상담자는 질문과 응답 사이에 적절한 공감과 수용을 나타내는 표현을 사용하여 지속적으로 내담자와 소통할 수 있는 안전하고 편안한 환경을 조성해야 한다.

애도 과정 평가를 위한 척도

내담자의 애도 과정을 평가하기 위해 다양한 척도를 활용할 수 있다. 척도를 상담 초기와 종결 단계에서 활용해 내담자의 애도 반응이 적응적인 양상으로 변화해 나가는지를 점검해 볼 수도 있다. 대표적인 척도로는 Hogan 한국판 애도 반응 척도(박지은, 강영신, 이혜지, 2019), 한국어판 복합비애 척도(김혜진, 송인한, 2020), 한국판 지속비애 척도(강현숙, 이동훈, 2017) 등이 있다(부록 3, 4, 5 참고). 각 척도의 주요 목적, 문항, 채점 방식은 다음과 같다.

Hogan 한국판 애도 반응 척도는 총 30문항으로, '분리 및 비체계화', '절망', '개인적 성장', '낙관적 전망'이라는 4가지의 전반적인 애도 과정을 측정한다. 전혀 그렇지 않다(1점)에서 매우 그렇다(5점)까지의 5점 리커트 척도로 응답하게 되어 있고, 각 하위 요인의 점수가 높을수록 지난 2주 간의 상실 이후 애도 반응 수준이 높음을 의미한다(박지은 등, 2019).

한국어판 복합비애 척도는 총 19문항으로, 단일 요인으로 구성되어 있고, 사별 발생 이후 6개월 이상의 시간이 흘러도 여전히 외상적 고통과 심리적 어려움이 지속되는 상태를 측정한다. 전혀 그렇지 않다(1점)에서 매우 그렇다(5점)까지의 5점 리커트 척도로 구성되어 있으며, 점수가 높을수록 복합비애 수준이 높음을 의미한다(김혜진, 송인한, 2020).

한국판 지속비애 척도는 총 13문항으로 구성되며, '트라우마적 디스트레스', '분리 디스트레스'라는 2가지 애도 증상 11문항과 기능 손상 정도와 기간 조건 2문항은 예/아니오로 증상의 유무를 응답하게 되어 있다. 전반적으로 고인에 대한 갈망과 외상후 스트레스장애와 유사한 인지적·정서적·행동적 어려움을 측정한다. 11문항은 5점 리커트 척도(1점=전혀 그렇지 않다, 5점=매우 그렇다)로 평정하며 총점이 높을수록 지속비애 증상 수준이 높음을 의미한다(강현숙, 이동훈, 2017).

3장

애도 사례개념화

앞선 평가 단계를 통해 사별자가 가족구성원의 자살로 인해 어떤 상실을 경험하고 있는지, 어떤 애도 단계를 거치고 있는지 등을 평가했다면, 이러한 정보들을 바탕으로 사례개념화를 진행해야 한다.

사례개념화란 내담자에게 수집된 정보를 상담 이론에 근거하여 내담자의 문제 상황과 부적응적 패턴을 설명하고, 상담 방향을 모색하며, 상담 목표 달성을 위한 도전과 자원을 예상하고, 성공적인 종결로 안내하기 위한 임상적 전략을 말한다(Sperry & Sperry, 2012). 다시 말해, 평가 단계를 통해 내담자에게서 수집된 정보를 바탕으로 내담자의 현재 주호소문제가 어떻게 촉발되고 유지되고 있는지를 설명함으로써 상담을 위한 구체적인 개입 방법을 모색하는 과정이다. 따라서 사례개념화는 상담을 위한 필수 작업이라고 볼 수 있다.

사례개념화는 내담자로부터 정보 수집이 이루어진 상담 초기부터 상담 전 과정에 걸쳐 이루어지며 상담 과정에서 언제든지 수정될 수 있다. 또한, 사례개념화 과정에서 내담자 각 개인이 처한 맥락을 고려하여 맞춤형으로 진행될 수 있도록 주의를 기울여야 한다. 따라서 사별자들이 가족구성원의 자살이라는 동일한 문제를 가지고 상담실에 방문했을지라도, 사별자마다 그 경험 자체와 그 경험에 영향을 주는 요인은 서로 다를 수 있기 때문에 이러한 점은 평가 단계에서 명확히 확인되어야 한다.

1 주호소문제 확인

가족구성원을 자살로 상실한 내담자를 대할 때, 상담자는 내담자의 주호소문제를 '가족의 상실' 자체로 여길 수 있다. 그러나 가족의 상실이 개인에게 갖는 의미는 모두 다르기 때문에, 가족구성원의 죽음으로 인해 개인이 상실했다고 여기는 것이 무엇인지를 확인하는 과정이 필요하다. 누군가는 자식의 죽음으로 인해 엄마라는 역할이나 정체성을 상실하기도 하고, 가족구성원의 죽음으로 고인이 없는 삶의 과정들(결혼, 졸업 등)이 의미를 잃게 되어 이러한 미래를 상상하기 어려워지기도 한다. 이러한 상징적 상실은 고인을 떠나보낸 사별자들을 고통스럽게 하지만 상실을 경험하는 당사자조차 이를 상실로 잘 인식하지 못하기 때문에(Mitchell, 2018; Rycroft & Perlesz, 2001), 상담 과정에서 상담자가 이를 구체화하는 것이 애도 상담 과정의 중요한 부분이라고 할 수 있다.

이를 위해 상담자는 내담자와 대면할 때 가족구성원의 죽음으로 인한 상실을 확인하고, 그로 인해 내담자가 현재 어떤 부적응적인 애도 반응을 경험하고 있는지 살펴보아야 한다. 가족원의 자살로 인해 사별자가 호소할 수 있는 문제는 굉장히 다양하고(Freeman, 2005), 그 증상 또한 복합적으로 나타나 내담자의 삶을 괴롭게 할 수 있다. 이러한 증상은 내담자가 애도 과정에서 특정 단계에 머무른 채 더 이상 나아가지 못하게 만들 수 있으므로, 현재 어떤 단계에 정체되어 있는지를 파악하는 것 역시 중요하다.

가족구성원의 상실로 인해 정서적·신체적·인지적·행동적 반응이 나타날 수 있다. 이러한 반응이 상실 이후 일정 기간 동안 지속되는 것은 정상적인 애도 반응이다. 그러나 자살로 가족구성원을 상실할 경우, 정서적·신체적·인지적·행동적 반응이 보다 심각한 형태로 지속될 수 있고, 반응의 구체적인 내용 역시 일반적인 상실로 인해 나타나는 것과 다를 수 있다. 가족 및 사회적 관계에서 변화를 보일 수 있고, 복합 애도 반응이라고 볼 수 있는 장기간의 미해결된 애도 반응, 억제된 애도 반응, 박탈된 애도 반응 역시 자살로 가족구성원을 상실한 내담자의 주호소문제가 될 수 있다. 다음 내용은 자살로 가족을 상실한 가족구성원이 경험할 수 있는 대표적인 주호소문제를 정리한 것이며(Doka, 1999; Freeman, 2005; Ingram, 2012; Mitchell et al., 2004), 이외에도 다양한 주호소문제가 나타날 수 있다.

정서적 반응

정서적 반응은 단 한 가지만 나타나는 것이 아니라 다양한 정서적 반응이 함께 나타날 수 있다. 애도 과정을 거치면서 한 반응이 다른 반응으로 변화할 수도 있으며, 반응의 강도 또한 함께 확인할 필요가 있다.

- 고인이나 또 다른 타인을 향한 과도한 분노
- 정서적 무감각이나 멍해짐
- 불안과 공황 상태
- 고인의 죽음에 대한 죄책감
- 고인에 대한 양가감정에 의한 혼란
- 고인에 대해 이야기할 때마다 나타나는 과도한 정서적 반응
- 외로움

신체적 반응

신체적 반응은 실제 의학적 요인의 영향이 있는 것은 아닌지 확인 절차를 거치고 난 후, 그러한 영향을 배제한 상태에서 살펴보아야 한다.

- 신체화 증상에 의한 신체 질병의 발생
- 고인이 통증을 느낀 신체 부위에 동일하게 통증을 느끼는 신체 증상
- 불면
- 신체적 기운 상실 혹은 면역 저하
- 식욕 부진
- 가슴, 목, 배 등 신체 부위의 통증이나 불편함: 뱃속이 텅 빈 느낌, 가슴이나 목이 조이는 느낌, 신체 떨림

인지적 반응

자살로 인한 고인의 죽음은 그 원인을 알기 어려운 경우가 많아 남은 가족구성원들은 그 죽음의 이유에 지속적으로 매달리게 된다. 고인이 남긴 유서 등을 통해 고인의 자살의 원인을 알게 되더라도, 고인이 그 당시 스스로 생을 마감할 수밖에 없었던 상황이나 가족으로서의 자신의 책임, 고인의 자살이 가족들에게 남기는 의미 등에 몰두할 수밖에 없다.

- 죽음에 대한 부인: 고인이 죽지 않은 것처럼 생각하기, 고인의 죽음의 원인을 자살이 아닌 다른 것으로 돌리기
- 고인에 대한 과도한 생각: 매일 고인의 죽음이나 고인과의 추억에 몰두
- 환각: 고인의 죽음 당시 맡았던 냄새나 소리
- 과도한 자기비난
- 죽음에 대한 생각에 몰두
- 고인과의 과잉 동일시: 고인의 성격적 특성이나 심리적 증상
- 학습 능력 혹은 기억력 저하
- 의사결정 곤란
- 삶의 목적 및 의미 상실

행동적 반응

고인의 죽음과 관련하여 고인에게 집착하는 행동이나 고인과 관련된 대상을 회피하는 것과 같이 고인과 직접적으로 연관된 행동적 반응이 나타날 수도 있지만, 자기파괴적 행동이나 수행 능력 저하와 같이 고인과 직접적으로 관련이 없는 행동 반응도 나타날 수 있다.

- 고인에 대한 집착, 과도한 찾기 행동: 매일 고인의 묘지에 찾아가기
- 고인과 관련된 장소나 사물에 대한 회피: 고인이 죽은 장소 피하기
- 고인의 유품을 고인의 죽음 이전처럼 유지
- 목적이 없는 과도한 활동: 과도한 업무 몰입
- 사회적·경제적 생활에 해로운 행동: 과도한 소비 활동, 경제 활동의 중단
- 자기파괴적 행동: 과도한 음주, 흡연, 자해
- 직장 및 학업 등에서의 집중 곤란, 수행 능력의 저하

관계의 어려움

상실로 인해 기존에 유지하고 있던 사회적 관계는 물론, 새로운 관계를 형성하기 어려울 수 있다.

- 사회적 철수, 사회적 고립: 가족이나 친구와 같이 기존의 사회적 관계에서 철수하여 고립된 상태에 머무르기
- 사회적 관계 형성 및 유지의 어려움: 사회적 관계에 참여하자고 하는 욕구가 있는 반면, 그러한 관계를 형성하고 유지하기 어려움
- 매달리기 행동 혹은 과잉 의존

장기간 지속되는 애도 반응

고인의 죽음을 인정하거나 수용하지 못한 채 외상적 애도 반응이 장기간 지속되는 상태에 머무를 수 있다.

- 상실 이후 시간이 흘렀지만 여전히 고인의 죽음이 바로 어제 일어난 것처럼 느낌

- 가족구성원의 죽음 이후 1년 이상의 시간이 흘러도 여전히 과도한 정서적 반응이 지속되는 상태
- 가족구성원의 죽음 이후 오랜 기간이 흘러도 고인의 유품을 정리하지 못함
- 애도 작업을 회피하거나 어려워함
- 애도 단계가 더 이상 나아가지 않고 어떤 단계에 장기간 머무름
- 고인의 무덤을 찾거나 고인을 기리는 의식에 참여하기가 힘듦
- 고인의 기일이나 생일, 명절 등에 우울감이나 고인을 찾는 행동이 극심하게 나타남

억압된 애도 반응

고인의 죽음으로 인한 애도 반응을 억누르거나 애도 과정을 거치지 않으면서 애도 과정이 부재하는 상태에 놓일 수 있다.

- 애도 반응의 부재
- 상실의 대상에 대한 재빠른 대체
- 고인의 죽음 이후 오랜 시간이 흐른 뒤에 애도 반응이 시작됨

박탈된 애도 반응

고인이 자살로 죽음을 맞이한 경우, 사별자는 자신의 상실을 타인과 공유하기가 어렵고, 그로 인한 애도 반응을 공감받지 못할 수 있다.

- 고인의 죽음 자체를 타인에게 공유하기 어려움: 자살에 대한 사회적 낙인 혹은 자기 낙인으로 인해 고인이 자살로 죽음을 맞이했다는 것 자체를 이야기하기 어려움

• 애도 반응을 공감받기 어려움: 고인의 죽음의 원인을 이야기하지 못하면서 사회적 지지나 진정한 공감을 받기가 어려움

2 애도 과정에 영향을 주는 요인 파악

사별자의 상실에서 비롯된 주호소문제가 명확히 정의되었다면, 다음으로 주호소문제와 관련한 애도 과정에 영향을 주는 요인들을 고려해야 한다. 그 요인은 촉발요인, 유발요인, 유지요인으로 구분해 볼 수 있다. 촉발요인은 내담자의 패턴(반복적으로 보이는 사고, 감정, 행동의 특유한 양상)을 활성화시켜 호소 문제를 일으키는 자극을 말한다. 유발요인은 이러한 내담자의 패턴이 나타나게 되는 근본적 요인을 가리키며, 내담자가 기존에 지니고 있던 취약성을 의미한다. 유지요인은 내담자의 부적응적 패턴이 지속되도록 하는 요인을 말하는데, 유발요인이 유지요인의 기능을 하기도 한다(Sperry & Sperry, 2012).

가족구성원의 자살로 인한 상실이 애도자의 애도 과정에 영향을 미칠 수 있는 요인으로는 고인과 사별자의 관계적 특성, 자살의 특성, 부정적인 사회적 시선, 애도자의 개별 특성, 생활 스트레스 사건 등이 있다. 이러한 요인들이 내담자에게 어떻게 작용하는지는 개인마다 각기 다를 수 있다. 예를 들어, 동일한 요인이라도 어떤 내담자에게는 촉발요인으로 작용하는 반면, 다른 내담자에게는 유지요인으로 작용할 수 있다.

고인과 사별자의 관계적 특성

사별자와 고인이 정서적으로 친밀한 관계를 유지하고 있었다면 고인의 상실로 인한 사별자의 고통은 더욱 커진다. 정서적 친밀함은 애착을 의미하는데, 사별자에게 있어서 고인의 죽음은 애착 대상을 상실하는 것과 같다. 즉,

기쁘거나 슬플 때 함께 정서적인 교감을 나누고 유대를 쌓아 오던 사람과 더 이상 함께할 수 없게 되는 것이다. 특히 애착 대상이었던 사람이 자살로 사별자의 곁을 떠난 경우, 사별자에게는 극심한 충격이 따르게 된다. 고인에 대한 애착의 정도는 사별자의 애도 반응의 강도와 애도 과정에 영향을 미친다. 또한, 고인과의 애착과 별개로 사별자가 고인에 대해 심리적 의존도가 높았다면, 고인이 없는 세상에서 살아가는 일이 막막하고 두렵게 느껴져 새로운 관계를 형성하는 데 어려움을 겪을 수 있으며, 고인에 대한 집착이나 몰두가 더욱 강해질 수 있다.

사별자가 고인과 깊은 사랑과 정서적 친밀감을 나누던 관계가 아니라 고인에게 사랑과 미움을 동시에 느끼는 애증 관계에 있었다면, 애도 반응 역시 더 복잡해진다. 특정한 대상에게 사랑과 미움을 동시에 느끼는 것은 흔한 일이다. 따라서 가족구성원 간의 애증 관계도 일반적으로 나타나는 현상일 수 있으므로, 상담 과정에서 이에 대해 점검해야 할 필요가 있다. 이러한 경우 사별자는 고인의 죽음에 대해 슬픔을 느끼기도 하지만, 생전에 해결하지 못한 고인에 대한 분노나 원망 같은 미해결된 감정으로 인해 큰 혼란을 느낄 수 있다. 그러나 어떤 사별자는 고인의 죽음에 슬퍼해야만 한다고 여기며 고인에게 분노와 원망을 느낀다는 것이 굉장히 잘못된 일인 것처럼 여길 수 있고, 그에 따른 죄책감을 경험할 수 있다. 고인과 관련하여 미해결된 부정적 감정은 애도 과제를 감당하기 어렵게 만들고, 자연스러운 애도 과정을 지연시키기도 한다.

사별자가 고인의 자살을 사랑하는 가족인 자신을 떠나기로 했다는 결정처럼 여기는 경우도 있다. 이러한 생각으로 자신이 고인으로부터 버림받았다거나 거부당했다고 느낄 수 있다. 이는 사랑하는 가족으로부터도 거부당한 자신이 가치가 없고 쓸모없으며 자신을 사랑해 줄 사람은 아무도 없다는 파국적인 생각으로 이어질 우려가 있다. 이러한 과정은 결국 추후 사회적 관계를 형성하거나 지속하기 어렵게 만들기도 한다.

고인의 죽음은 갑작스럽게 일어나기도 하지만, 때로는 고인이 죽기 전부터 가족들에게 자살하겠다는 위협을 지속적으로 가했을 가능성도 있다. 이러한 위협은 가족구성원에게 지속적이고 광범위한 불안을 초래했으며, 그 불안이 가족 관계의 역동을 형성하는 핵심 정서로 자리했을 수 있다. 이러한 상황에서 가족들은 고인을 향한 사랑과 고통 그리고 불안을 동시에 느끼며 복합적인 감정을 경험하게 되고, 이는 가족구성원 간의 관계 역동에 깊이 영향을 미쳤을 것이다. 따라서 고인의 생전 행동이 가족들에게 남긴 정서적 영향과 그로 인해 형성된 관계적 변화를 이해하는 것은 사별자의 치유 과정에서 중요하게 다루어야 할 요소이다.

자살의 특성

자살은 그 누구도 예측하기가 어렵고 고인 스스로 생을 마감했다는 사실 자체가 큰 심리적 충격을 주기 때문에 PTSD와 같은 심각한 후유증을 남기는 경우가 많다(Zisook et al., 1998). 특히 고인의 시신을 직접 목격했거나 고인의 자살 상황이나 방법 등이 충격적일 때 더욱 그러하다. 이때 고인의 죽음에 대한 기억이 침습적으로 반복되거나, 고인의 죽음과 관련된 장소나 대상을 회피하려는 경향이 나타날 수 있다. 또한 사소한 자극에도 쉽게 깜짝 놀라거나, 수면에 어려움을 겪는 등 생리적인 각성 수준이 높아지기도 한다. 이러한 외상 후 스트레스 반응이 애도 과정과 동반하여 나타나는 경우, 외상에 대한 반응을 먼저 다룬 뒤 애도 작업을 진행하는 상담 접근 방식이 바람직하다. 따라서 외상 관련 반응을 점검하는 것이 중요하다. 특히 자살로 인해 가족구성원을 상실한 이들에게서는 자살 사고와 자살 시도의 위험이 증가하는 경향이 있어(Pitman et al., 2016), 애도 반응 또한 더욱 복잡하게 나타날 수 있다. 이러한 위기 상황에 대해 평가 과정에서 반드시 확인하여 일차적으로 개입해야 한다.

자살은 사별자에게 크고 복잡한 의문을 남기곤 한다. 고인이 스스로 생을 마감한 이유를 명확히 알기 어려울 뿐만 아니라, 고인의 유서 등을 통해 이유를 확인하더라도 그 해석은 결국 사별자의 몫이 된다. 따라서 사별자는 고인이 자살한 이유가 무엇인지 이해하기 위해 고인의 죽음 당시나 고인이 죽기 전에 평소와 다르게 행동했었는지, 죽음을 암시하는 말을 했었는지 등 여러 단서에 반복적으로 몰두하는 경향이 나타날 수 있다(Begley & Quayle, 2007; Freeman, 2005). 즉, 애도자는 애도 과정에서 고인의 죽음을 이해하고자 그 이유를 반복해서 되짚어 보며 감정적으로 처리하려는 것이다.

애도자에게 가족구성원의 자살은 막을 수 있었던 일처럼 여겨지기도 한다. 그래서 가족인 자신이 고인의 죽음을 막지 못했다고 생각하거나 그 죽음에 대한 책임이 자신에게 있다고 여기면서 스스로를 죄책감에 시달리게 한다. 이러한 죄책감은 애도 과정을 더욱 복잡하게 한다. 따라서 상담자는 애도 과정에서 애도자가 이 사실을 인지하고, 과도하게 고인의 죽음의 이유에 집착하지 않도록 돕는 역할을 할 수 있다.

부정적인 사회적 시선

자살로 인한 죽음에는 사회적으로 불명예스러운 낙인, 즉 부정적인 사회적 시선이 존재한다. 자살은 사회적으로 비난받거나 잘못된 일로 여겨질 수 있고, 종교적인 면에서는 죄악으로 간주되기도 한다. 또한, 남겨진 가족원이 고인이 죽기 전까지 무엇을 했는지를 두고, 사회나 주변인들이 때로 직간접적으로 책임을 묻기도 한다. 결국 사별자들은 고인의 죽음 자체로도 힘들지만, 자살이 갖는 부정적인 사회적 의미나 시선으로 인한 수치심 역시 감당해야 한다. 그로 인해 사별자들은 사랑하는 가족이 어떻게 죽음을 맞이했는지, 자신이 지금 얼마나 참담한 심정인지를 다른 사람들에게 털어놓기가 어려워진다. 특히 애도 과정에서는 다른 사람들로부터 상실에 대한 감정을 위로받고 지지받는 경험이 매우 중요하다. 그러나 이러한 과정이 박탈되는 경우, 즉 박탈된 애도(Doka, 1999)로 인해 부적응적인 애도 반응이 계속될 수 있다.

또한, 죽음에 대한 의식 절차인 장례식은 고인의 죽음을 애도할 수 있는 공식적인 자리로서 애도 과정에서 중요한 의미를 갖는다. 그러나 자살 사별자에게 장례식은 고인의 죽음을 충분히 애도할 수 있는 기회가 되기보다는 다른 사람들에게 알리지 않고 조용히 치르는 데 급급한 절차가 되는 경우도 있다. 따라서 가족구성원의 자살을 경험한 사별자들에게는 상실의 경험을 다른 사람들과 공유하고 나눌 수 있는 적절한 방법을 찾도록 조력하는 것이 상담 과정에서 필수적이다(Worden, 2009).

애도자의 개별 특성

애도자가 지닌 개별 특성 역시 애도 과정에 영향을 미친다. 애도자가 평소 일상의 스트레스 상황에 대처하던 방식은 상실 이후의 애도 과정에도 적용된다. 스트레스 상황으로부터 회피하는 방식이 익숙한 애도자는 상실로 인한 고통을 경험하고 싶지 않아 상실 이후에 고인에 관해 이야기하지 않거나 고인의 유품을 빠르게 없애서 고통스러운 자극을 피하려고 할 수 있다. 회피형 대처와 다르게, 사건의 원인과 결과에 대해 계속 반추하며 상실의 고통에 반응하기도 한다. 상실로 인한 애도 반응은 누구에게나 자연스러운 것이지만, 회피나 과도한 반추와 같은 반응은 애도 과정에서 나타나는 정서적 고통을 직면하고 처리하는 데 걸림돌이 될 수 있다. 특히 중독 물질 사용이나 자기파괴적 행동과 같은 극단적인 방식은 애도자의 정신건강을 더욱 위협한다.

이제 더는 애착을 주고받을 수 없는 고인과의 관계를 재정립하고, 정서적 애착을 공유할 수 있는 새로운 대상과의 관계에 전념하는 것은 중요한 애도 과제이다. 그러나 애도자가 평소 친밀한 사회적 관계를 형성하고 유지하는 것이 어려웠다면 애도 과제의 완수가 어려울 수 있다.

자존감, 개인의 무의식적 동기나 갈등 욕구, 태도, 기본적인 신념 등의 개인의 성격 요소도 애도 반응에 영향을 미친다. 따라서, 애도 과정을 촉진하기 위해 잠재적인 결핍 영역을 확인하는 것이 중요한 개입 요소가 되기도 한다. 고인의 죽음에 대한 슬픔이 줄어들거나 일상생활에 잘 참여하는 것을 고인에 대한 배신이라고 여기는 사별자의 신념을 점검하는 것도 필요하다.

애도자가 과거 정신건강 병력이 있었다면, 상실의 경험으로 기존의 병력이 더욱 악화될 수 있다. 특히 애도 과정에서 우울한 기분이 동반될 수 있으므로, 우울장애 이력이 있는 내담자의 경우 더욱 세심한 관찰과 평가가 요구된다. 또한, 성격장애나 관련 성향을 지닌 이들은 버림받는다는 느낌과 타인의 거부에 대한 민감성이 높기 때문에 가족구성원의 자살로 인해 더 강렬한 애도 반응을 경험할 수 있다(Freeman, 2005; Masferrer et al., 2020). 이 경우, 상담자는 특히 내담자의 정서적 반응을 더욱 신중하게 평가하고 성격장애 또는 관련 성향에 관한 적절한 개입을 제공하여 애도 과정을 안전하게 도와야 한다.

또한 애도자가 과거에 상실을 경험한 적이 있다면, 당시의 대처 방식이 현재 애도 과정을 예측하는 데 도움이 될 수 있다. 과거 상실 경험에 대한 애도가 충분히 이루어지지 않았다면, 현재의 상실 경험이 과거 상실 경험의 애도 반응을 다시 촉발하게 되고, 그로 인해 현재의 상실을 애도할 정서적 자원이 부족해질 수 있다. 이러한 경우 애도 과정이 더욱 복잡해지므로, 상담자는 내담자가 과거의 미해결된 애도를 처리할 수 있도록 지원하고, 현재의 상실을 건강하게 애도할 수 있도록 정서적 자원을 확보하는 데 도움을 주어야 한다.

생활의 스트레스 요인

고인의 죽음 이후 고인이 맡았던 역할이나 책임을 사별자가 새롭게 떠맡기도 한다. 고인이 경제활동을 책임지고 있었다면, 사별자가 고인 대신 가정의 생계를 감당하게 되어 자신의 애도 과정에 온전히 집중하기 어려워질 수 있다. 이때 애도 과정은 지연된 채 미해결 상태로 남게 되고, 오랜 시간이 흐른 뒤 고인의 죽음으로 인한 심리적 여파를 경험하기도 한다(1장 참조).

가족구성원의 죽음으로 인해 부모는 아이를 돌보고 교육하는 양육 역할을 유지하기가 어려워질 수 있다(Provini et al., 2000). 부모의 양육 역할이 부재하면서 아동·청소년은 자신의 나이에 맞는 요구나 욕구를 부모에게 드러내지 못하기도 한다. 또한, 자신보다 어린 형제자매를 돌보아야 하거나 집안일을 도맡는 등 새로운 역할을 갑작스럽게 떠맡기도 하는데, 나이가 어릴수록 적응 과정은 더욱 어려워진다. 이처럼 고인의 죽음에 따른 갑작스러운 삶의 변화에 적응하는 것이 애도 과정에서 중요한 과제가 될 수 있다.

3 평가 결과 통합

사례개념화 이전의 평가 단계에서 상담자는 사별자가 보고한 다양한 정보들을 통해 사별자가 현재 어떤 상실을 경험했고, 어떠한 애도 과정과 단계를 거치고 있으며, 그 애도 과정에 영향을 주는 요인이 무엇이었는지 평가한다. 이를 바탕으로 내담자의 주호소문제와 부적응적 패턴, 촉발요인, 유발요인, 유지요인, 내담자의 강점과 자원, 상담 목표 달성에 대한 장애물 등을 확인하고 이를 통합해 상담 목표 및 전략을 수립하여 사례개념화를 구축할 수 있다(Sperry & Sperry, 2012). 다음 그림 1은 사례개념화를 완성한 하나의 예시이며, 부록 6을 통해 사례개념화 과정을 점검할 수 있다.

4 애도 상담 목표 및 상담 초점

애도자의 주호소문제와 애도 과정을 어렵게 만드는 요인, 애도자의 강점과 상담 과정에서 나타날 수 있는 장애물 등을 확인했다면, 이를 바탕으로 상담 목표 및 전략을 구체화해야 한다. 애도 상담의 목표를 큰 틀에서 보자면 '상실 이

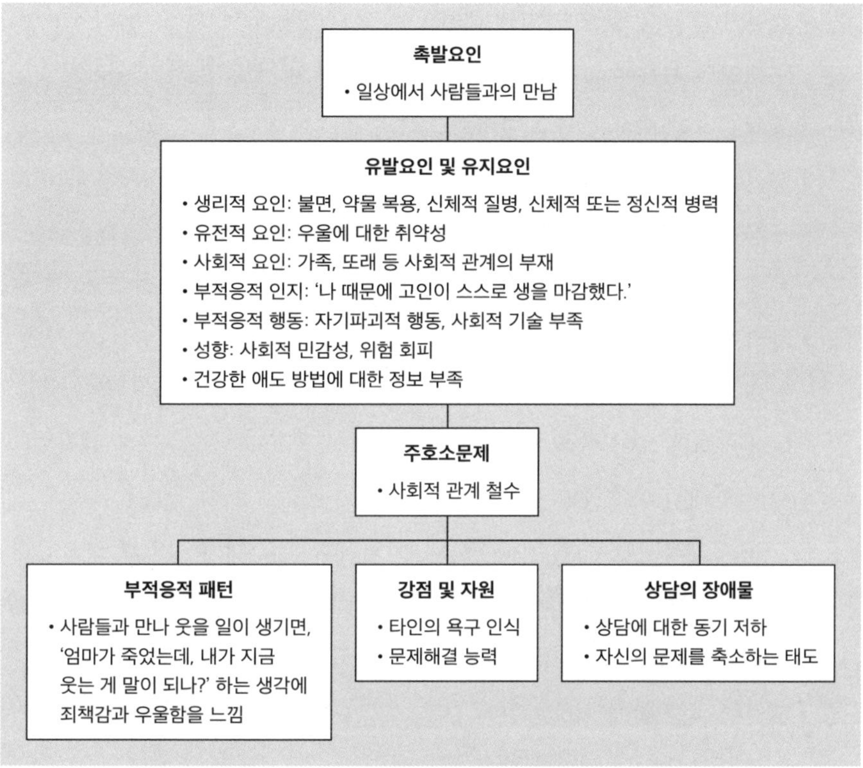

그림 1 사례개념화 예시

후 일상에서의 적응 향상'이라 할 수 있다. 애도자의 주호소문제에 따라 일상의 적응을 향상시키기 위한 구체적인 상담 목표는 다음과 같이 설정할 수 있다.

- 상실에 대한 수용
  - 고인의 죽음 수용
  - 고인의 죽음으로 인해 처한 자신의 현재 상태에 대해 수용하기
- 정서적 안정, 정서 표현 및 조절
  - 고인과의 분리에 대한 고통 완화하기
  - 고인에 대한 양가감정 수용하고 완화하기

- 고인의 죽음 및 애도 과정에 대한 인지적 왜곡 완화
  - 고인의 죽음에 자신의 책임이 있다는 생각의 빈도 및 강도 줄이기
  - 적응적인 대처 신념 개발하기
- 상실에 대한 의미 발견하기
  - 상실로 인한 역할 변화
  - 상실과 고통 이면의 변화(개인적 성장)
- 자기 돌봄
  - 일상적이고 규칙적인 생활: 수면 및 식사
  - 스트레스 대처 전략 개발: 취미활동
- 고인과 애도자의 관계 재정립
  - 의존 대상으로서의 고인이 아닌, 기억과 추억 속의 고인으로 재정립
  - 환상이나 이상향의 대상이 아닌, 실제 경험을 기억하고 기릴 수 있는 대상으로 재정립
- 고인이 없는 삶에 적응하기
  - 고인이 맡았던 역할에 대한 재분배
  - 기념일에 대한 새로운 의미 부여하기
  - 고인이 없는 삶 속에서 새로운 정체성 개발하기
  - 다가오는 삶의 과정에 온전히 참여하고 전념하기
- 친밀한 대인관계 형성 및 유지
  - 의사소통 기술 향상
  - 자기표현 향상

5 애도 상담 개입의 수립

사례개념화 과정에서 상담 목표 달성을 위한 구체적인 상담 전략 역시 수

립해야 한다. 본 장에서는 사례개념화를 위해 개괄적인 상담 전략을 소개할 것이며, 구체적인 개입 방법과 예시는 4장 '애도 상담 개입 과정 및 방법'에 소개되어 있다.

애도 상담 전략

(1) 애도 교육

애도자는 상실로 인해 나타나는 다양한 정서적·신체적·인지적 반응들로 인해 자신에게 무언가 이상이 있는 것은 아닌지 혼란스러워할 수 있다. 따라서 애도 반응에 대한 정보를 제공하고, 이러한 반응이 애도 과정에서 자연스럽게 나타날 수 있음을 안내하는 정상화 과정을 통해 애도자의 혼란감을 줄일 수 있다. 이러한 정상화는 애도자가 자신의 애도 반응을 이해하고, 애도 과정을 회피하거나 과잉 몰두하지 않으면서, 그 과정을 충분히 경험하고 수용할 수 있는 기회를 마련해 준다. 또한, 애도자는 이후에 예상되는 애도 반응에 대해 미리 알아둠으로써 그에 대한 대처 방안을 고민해 볼 수 있다.

(2) 자기개방 증진

내담자가 고인에 대한 기억과 감정을 표현하도록 격려하기 위해서는 상담자의 적극적이고 공감적인 경청, 격렬한 감정에 대한 비판단적 수용이 중요하다. 내담자는 자신의 어떠한 생각이나 감정을 표현하더라도 상담자가 따뜻하고 지지적인 태도로 이해하고 받아들인다는 것을 언어적으로든 비언어적으로든 경험할 수 있어야 한다. 이러한 과정은 상담자와 애도자의 치료적 관계 형성에 필수적인 요소이다.

(3) 정서 표현 및 정서 조절 증진

정서를 표현할 수 있는 기법(예: 빈 의자 기법, 역할극 등)을 활용하여 고인에게 미처 표현하지 못했던 말이나 고인에게 가지고 있던 감정을 표현하고, 이에 대한 고인의 반응을 예상함으로써 아직 해결되지 못한 채 남아 있던 고인에 대한 감정들을 해소할 수 있다. 애도 일기를 작성하는 것 역시 고인에 대한 감정을 안전하게 표현하는 방법이며, 이를 통해 고인에 대한 감정이 어떻게 변화해 나가는지 확인할 수 있다.

상담자는 내담자가 고인에 대한 양가감정을 다룰 수 있게 내담자에게 고인의 어떤 점을 그리워하는지 먼저 이야기해 보도록 격려한다. 그다음에는 어떤 점이 그립지 않은 부분인지 애도자의 이야기를 들어 볼 수 있다. 이 과정을 통해 내담자가 고인에 대한 부정적 감정을 알아차리고, 이를 경험하고 표현하도록 도울 수 있다. 부정적인 감정과 관련된 이야기를 할 때는 필요에 따라 이완 기법(예: 안정된 호흡, 마음챙김 등)을 병행하는 것이 좋다. 고인에 대한 정서를 충분히 경험하고, 표현하면 과잉 정서의 강도가 낮아지고, 점차 내담자가 스스로 정서 조절을 할 수 있게 된다. 집중 호흡이나 마음챙김과 같은 이완 기술은 감정이나 생각이 영원하지 않고 매 순간 변화될 수 있음을 깨닫게 하고, 생리적 각성 상태를 낮춤으로써 정서 조절이 가능하도록 돕는다.

(4) 부정적인 생각 다루기

가족원의 자살에 대해 내담자는 고인의 죽음을 막지 못했다거나 고인의 죽음에 대한 책임이 자신에게 있다고 생각할 수 있다. 이러한 경우, 내담자는 죄책감으로 인해 '내가 그때 무언가를 했다면 고인의 죽음을 막을 수 있었을 것이다'와 같이 부정확하거나 도움이 되지 않는 사고에 사로잡힐 수 있다. 이러한 인지와 관련하여 상담자는 실제로 그때 무엇을 했는지, 그리고 그때 했던 일을 하지 않았더라면 고인의 죽음을 막기 위해 무엇을 할 수 있었을지에 관해 내담자와 이야기해 볼 수 있다(Freeman, 2005). 이러한 개입은 내담자가 현실적으로 누구도 타인의 죽음을 예측하거나 완전히 막을 수 없다는 사실을 인지하도록 돕는 데 목적이 있다.

또한, 내담자에게 반복적으로 나타나는 부정적 자기 대화('엄마도 자살로 나를 떠나버렸는데, 누가 나를 사랑해 주겠어')가 있다면, 이를 적응적 자기 대화('이 세상에 존재하는 것만으로도 나는 사랑받을 만한 존재야')로 수정하는 연습을 함으로써 내담자의 적응적인 일상을 도울 수 있다.

특히, 자살로 인한 상실을 경험한 경우, 고인이 자살한 이유를 찾으려는 노력이 반복적으로 나타나기도 한다. 이에 대해서는 애도 이야기가 본격적으로 시작되기 전, 상담 초기 단계에서 사고중지 기법을 사용해 보는 것이 효과적일 수 있다. 고인에 대한 생각에 몰두하게 될 때, 이를 알아차리고 '멈추자'라고 언어적으로 표현해 볼 수 있다. 또 다른 방식으로는 손목에 차고 있던 고무밴드를 튕기면서 생각을 신체적인 느낌으로 전환하거나 현재 의미 있는 사람이나 상황에 관한 이미지를 떠올리는 식으로 생각의 전환이 일어나도록 시도해 볼 수 있다. 또한, 내담자가 '나에게 왜 이런 고통이 일어났는가'에 집중하고 있다면, 상실의 고통과 이유에 몰두하기보다 삶에서 상실이 주는 의미를 발견하도록 안내할 수 있다.

(5) 현재 관계에 전념하기

애도자가 고인이 없는 삶에 적응하기 위해서는 현재 자신의 일상에 잘 참여하는 것이 중요하다. 일상에 잘 참여한다는 것은 고인과의 관계가 아닌 현재의 관계에 잘 집중한다는 의미이기도 하다. 이를 위해 내담자가 남은 가족원들과 일상을 어떻게 지낼 수 있는지를 고민해 보도록 안내할 수 있다.

또한, 자살 사별자는 고인의 죽음을 다른 사람들에게 이야기하는 것에 어려움을 느끼고 기존에 유지하던 관계를 멀리하기도 한다. 내담자에게 고인의 죽음을 타인에게 이야기하는 것이 중요한 이유가 무엇인지, 이야기를 전달하고 싶다면 어떤 내용을 어떤 방식으로 전달하고 싶은지에 대해 안전한 상담 환경에서 상담자와 이야기를 나눌 수 있다.

애도 상담 과정에서 활용할 수 있는 창조적 활동

애도 상담에서는 다양한 창조적 활동을 활용할 수 있다. 예를 들어, 부모를 상실하고 위탁가정을 전전하던 한 아동은 자신이 겪어 본 가족의 이미지가 거의 없다. 가족 그림을 그릴 수 없음에 슬퍼하는 이 아동에게는 앞으로 커서 만들고 싶은 가족 그림을 그리는 창조적 활동을 해 보도록 격려할 수 있다. 이 활동을 통해 현재 가족의 상실을 미래에 자신이 원하는 가족 그림으로 대체함으로써 이 아동은 지금의 상실에 대처하고 희망을 품을 수 있다. 이처럼 그림 그리기나 글쓰기 등과 같은 창조적 활동은 그 자체로 애도 과정이 될 수 있으며, 상담을 종결하는 과정에서 활동을 통해 애도 과정의 변화를 살펴봄으로써 상담 성과를 확인할 수도 있다. 애도 상담 과정에서 활용할 수 있는 창조적 활동의 예시는 다음과 같다.

(1) 애도 일기

상담 과정에서 애도자가 느끼는 감정이나 생각, 고인이 없는 일상에서 애도자가 어떻게 적응해 나가고 있는지를 글, 그림, 사진, 스티커 등을 통해 자유롭게 표현할 수 있다. 각 회기를 시작할 때 일기를 확인하면서 자연스럽게 상담을 이어 나갈 수 있다.

(2) 고인을 위한 편지와 선물

편지 쓰기는 고인에게 생전에 하지 못했던 말이나 여전히 전하고 싶은 마음을 표현하는 데 비교적 안전한 방법이다. 특히, 고인에게 양가감정을 느끼는 애도자의 경우, 편지나 카드를 쓰면서 고인에게 느끼는 양가적 감정과 표현하지 못했던 말을 드러내 볼 수 있다. 글 외에도 고인에게 자신의 마음을 표현할 수 있는 선물을 만들어 볼 수 있다.

(3) 사진

고인을 떠올리게 하는 장소, 물건 등을 사진으로 찍고 기록할 수 있다. 또한, 고인이 떠나면서 더 이상 사용하기 어려운 물건이지만 정리하기가 어려웠던 것 역시 사진으로 남겨 고인과의 추억은 간직한 채 정리해 나갈 수 있다.

(4) 타인 돌봄 활동

고인을 자살로 떠나보낸 이들은 고인의 죽음을 이해하는 과정에서 상실과 삶의 의미를 나름대로 정립할 수 있다. 타인에게 봉사하는 활동에 참여하기도 하고, 비슷한 자살 상실 및 애도 경험을 하는 사람들에게 공감하는 동반자가 되거나 이들을 지원하는 과정에 적극적으로 참여할 수도 있다.

6 개입을 시작하기 전 유념할 사항

사례개념화 과정에서 상담 목표와 전략까지 계획하였다면, 이제 애도 상담을 위한 준비가 되었을 것이다. 이를 내담자에게 적용하기에 앞서, 유념해야 할 사항들이 있다.

첫째, 애도 과정에 있어 올바르거나 유일한 방법은 없다(Ingram, 2012). 앞서 2장에서 말했듯이, 애도의 과정에는 일련의 단계들이 존재한다. 그러나 모든 애도자들이 이 단계를 하나하나 거치지 않을 수 있으며, 그다음 단계로 나아갔다가도 다시 이전의 단계로 되돌아갈 수도 있다. 애도자마다 자기만의 속도가 있기에 상담자는 이를 존중할 필요가 있다. 또한, 애도자가 고인을 애도하는 방식 역시 정해진 것은 없다. 상담자는 애도자마다 애도하는 방식이 다양할 수 있다는 것을 인식하면서 그 애도 방식을 존중하고, 애도 과정을 개별적으로 맞추어 조력하기 위해 다양한 창의적인 접근을 사용할 필요가 있다.

둘째, 상실 이후 애도의 초기 과정이라면 내담자가 충격 상태에 있을 가능성이 크다. 이에 대해 신체가 비일상적인 사건에 반응하는 정상적인 과정이며 매우 자연스러운 것임을 내담자가 인정할 수 있도록 도와야 한다. 이러한 상황에서는 충격과 연결된 여러 감정을 조절할 수 있도록 한다는 의도에서 정서적으로 다루게 되면 오히려 내담자의 충격을 가중시킬 수 있다(Freeman, 2005). 이러한 경우에는 그저 내담자와 함께 있어 주는 것, 즉 현재 내담자의 일상이나 내담자가 큰 어려움 없이 이야기할 수 있는 생활 주제에 관해 이야기하며 애도 과제를 시작할 수 있는 안전한 환경을 마련하는 것만으로도 충분한 개입이 될 수 있다.

셋째, 상담 과정에서 내담자의 정서적 반응에 대한 공감적인 반응은 매우 중요하지만, 상실에 대해 상냥한 표정을 하고 섣부른 판단이나 조언을 하는 것은 금물이다. 자살 사별자는 자신의 고통을 타인이 공감하고 이해하기 어려울 것으로 생각한다. 따라서 상담자는 내담자의 이야기를 충분히 듣고, 필요한 질문과 함께 곁에 머물러 주는 비언어적 표현을 보임으로써 내담자가 따뜻한 지지와 이해를 받고 있다는 감각을 지속적으로 느낄 수 있도록 해야 한다. 정답을 요구하는 질문보다는 내담자만이 답할 수 있는 주제에 대해 이야기하도록 이끄는 열린 질문과 안내를 제시하는 것이 좋다. 이는 내담자가 자신의 고통을 조금씩 풀어내고 상담자를 애도의 세계로 자연스럽게 초대하게 할 것이다. 이러한 과정을 통해 상담자는 내담자의 고통을 내담자의 관점에서 느끼고, 그 고통에 담긴 수많은 의미를 이해하게 된다. 그렇게 이해한 내용을 마치 거울처럼 내담자에게 되돌려줌으로써, 내담자가 상실을 다시 마주하되 이제는 외상적 애도가 아닌 안전하고 건강한 애도 과제를 수행할 수 있도록 돕는다.

4장

애도 상담 과정 및 기법의 적용

내담자가 자살에 관한 이야기(자살 사건 당시, 자살에 따른 외상 증상 등)를 비교적 편안하게 개방할 수 있고, 자살에 따른 신체적·인지적·행동적 외상 증상이 더 이상 두드러지지 않게 되면, 처음보다는 더 전형적이고 건강한 애도 작업을 시작할 수 있다. 따라서 애도 작업이 수월해지도록 돕기 위해서는 자살 외상에 관한 이야기를 먼저 할 필요가 있다. 외상 이야기는 주로 죽음(자살)의 가장 무서운 측면에 사로잡혀 있는 애도 상담 초기에 하게 된다. 고인의 죽음에 대한 정보가 미흡하고 정확하지 않아 죽음과 관련된 왜곡된 인지(예: 자기 비난)나 신체화 증상, 그리고 그로 인한 부적응적 행동을 반복하는 시기에 외상 이야기를 먼저 하게 된다. 초기에는 무서운 감정과 부정적 생각에 사로잡히지 않고는 고인을 생각하기 어려워하는 경우가 많다. 이때는 자살 외상에 관한 이야기를 아직 전혀 할 수 없는 상태이거나, 고인의 이름이나 고인에 관한 이야기를 꺼내는 것 자체를 원하지 않을 수 있다. 이러한 경우, 애도 중심 작업보다는 외상 치료 작업(외상 이야기)을 먼저 하는 것이 내담자에게 안전한 순서가 될 수 있다.

본서는 애도 상담을 주로 다루므로, 외상 이야기에 관한 내용은 상대적으로 간략하게 언급된다. 그러나 실제 애도 작업을 수행하는 과정에서는 내담자가 외상 치료에서 할 법한 이야기를 꺼낼 수도 있다. 이러한 경우, 애도 작업 중 외상 이야기를 배제하지 않고 내담자가 외상을 극복하는 과정을 애도의 한 형태로 이해하고 다루도록 하는 편이 내담자가 거부감 없이 애도 작업을 계속하는 데 도움이 될 것이다. 마찬가지로, 사람은 자기만의 속도와 방식으로 적응하고 나아가고 성장한다. 어떤 사람은 애도 작업 전에 대부분 또는 모든 외상 증상을 해결한다. 그렇지만 어떤 사람은 각 회기에 어떤 애도 작업을 하느냐에 따라 그와 관련된 외상을 다시 떠올릴 수 있고, 어떤 외상 문제가 가장 대두되는지에 따라 외상과 애도 이야기를 함께 다루어야 할 수도 있다.

애도 작업은 보통 자살이나 죽음 사건 자체와 외상 증상을 다루는 외상 이야기 다음에 시작한다. 단, 일반적인 애도 이야기가 본격적으로 시작되었다고 해서 외상 이야기가 완전히 끝나고 외상이 완벽하게 해소되었음을 뜻하지는 않는다. 외상 극복과 애도는 대개 지속적이고 비연속적인 과정이기 때문에 애도 상담이 종료됐다고 해서 내담자의 애도를 해결되었다고 보는 것은 올바르지 않다. 오히려 언제나 진행되는 것으로 보면서 애도할 수 있을 때마다 애도 작업에서 익혔던 기술을 일상적으로 사용할 수 있으리라고 기대하는 편이 훨씬 적절하고 현실적이다.

이 장에서는 애도 상담의 초기, 중기, 종결 단계별로 어떤 목표와 전략, 기법과 활용 방법, 준비물, 유의사항 등을 고려해야 하는지 자세히 살펴보고자 한다.

1 애도 상담 초기

애도 상담의 초기 단계는 내담자가 슬픔을 안전하게 표현하고 상담 관계를 형성하는 중요한 시기다. 이 단계에서는 애도 경험을 다루는 데 필요한 준비물과 심리교육, 관련 기법을 통해 내담자가 상실을 이해하고 자신의 감정을 받아들일 수 있도록 돕는다. 상담자는 풍선과 셀로판지 등 다양한 도구와 함께, 일반적인 애도 용어와 자료를 통해 내담자에게 심리적 안정을 제공하며 애도 과정을 긍정적으로 이끌어 나간다. 다음은 초기 단계의 목표, 전략, 개입 방식에 대한 예시를 정리한 것이다.

목표

- 죽음과 관련된 용어를 자연스럽게 사용하기
- 애도 심리교육을 통해 애도에 대한 이해를 넓히고, 애도의 자연스러운 과정을 인식하기
- 때때로 호흡과 이완이 필요함을 알고 실천하기

전략

- 상담자의 외상과 애도 관련 용어 사용을 유연하게 조절하기
- 애도 심리교육을 위한 자료(책, 유인물, Q&A 리스트 등) 준비하기
- 생리적인 반응 다루기 및 마음챙김: 신체적 그라운딩(예: 쿠션 껴안기, 담요의 부드러움 느껴 보기, 따뜻한 차를 마시며 몸 곳곳이 따뜻해짐을 느끼기 등)

준비물

- 문구 용품: 풍선, 셀로판지, 도화지, 색연필 등
- 애도 심리교육 자료: 그림책, 죽음 관련 책, 시, 간단한 동영상 등
- 내담자가 궁금해할 수 있는 질문이나 오해하기 쉬운 내용에 대한 상담자의 답변 리스트

기법과 활용 방법

(1) 풍선 활용 기법

숨을 크게 들이마시고 잠시 멈췄다가 풍선을 불며 부풀리면서 이완 연습을 2~3번 반복한다. 복식호흡이나 집중 호흡과 같이 코로 들이쉴 때 가슴을 확 폈다가 입으로 내쉴 때 배가 등에 닿을 정도로 배를 납작하게 한다는 느낌으로 호흡 연습을 한다. 풍선을 집중 호흡에 활용하는 것은 애도 작업 중 발생할 수 있는 스트레스와 감정 곤란을 줄이는 데 효과적이다. 따라서, 상담 초기에 습득하고 연습하면 전체적인 애도 상담 과정 중에 필요할 때마다 사용할 수 있다.

아동·청소년에게는 풍선과 같은 시각적 요소로 주의를 끄는 데 효과적이다. 다양한 색상과 형태를 지닌 풍선은 아동의 호기심을 자극하며, 호흡 연습에 대한 흥미를 유발한다. 호흡의 깊이와 길이에 따라 풍선이 부풀어 오르는 정도가 달라지므로, 아동은 자신의 호흡을 시각적으로 확인하고 조절할 수 있다. 이러

한 직접적인 피드백은 올바른 호흡 기술의 습득을 촉진할 수 있다.

(2) 셀로판지 활용 기법

외상적인 경험을 하면 외상과 관련된 여러 가지 생각과 감정이 강렬하게 떠오른다. 일상적인 상황들에서도 그와 비슷한 생각과 감정으로 행동하게 될 수 있음을 타당화하기 위해 셀로판지를 활용할 수 있다. 예를 들어, 빨간색 셀로판지를 통해 주변을 둘러보면 이 셀로판지가 주변의 모든 색을 '먹어서' 다른 색이 있는 그대로 온전히 보이지 않는다. 가족원의 자살을 경험하고 나면 그 다음에 보이는 많은 사람, 관계, 물건, 상황, 현상이 있는 그대로 보이기보다 자신이 경험한 자살 사건, 그리고 자살에 대한 개인적 해석과 가족원들의 반응, 주변 사람들의 반응 등의 영향을 받아 다소 부정적이고, 암울하고, 자신에게 유리하지 않은 방식으로 보일 수 있다. 이 사실을 알려 줌으로써 내담자가 자신의 상태와 상황을 이해하도록 도울 수 있다.

(3) 애도 심리교육: 용어 사용

내담자는 여전히 '자살', '죽었다', '잃었다', '세상을 떠났다' 등의 말을 먼저 꺼내는 것을 꺼릴 수 있다. 상담자가 필요한 상황마다 직접 이러한 말을 먼저 언급함으로써 내담자가 현실을 인식하도록, 이러한 단어를 사용하는 것에 부담을 덜 가지도록, 그리고 실제로 이러한 단어를 상담자와 있을 때는 자유롭게 사용해도 괜찮다는 것을 느끼도록 도울 수 있다. 상담자는 필요하다면 적극적으로 내담자에게, 내담자의 부모에게, 내담자가 신뢰하는 사람에게 '죽음'에 대한 이야기를 자연스럽게 공유하도록 격려할 필요가 있다.

이와 관련하여 유의할 점도 있다. 너무 세부적이거나, 압도적이거나, 불쾌한 내용은 전달하지 않는 것이 좋다. 외상적 이미지를 생생하게 해서 내담자를 공연히 힘들게 할 필요는 없다. 또한, 애도 이야기 또는 애도 심리교육을 할 때 죽음과 관련된 용어에 대한 회피나 억압이 아닌, 연령대나 애도 단계별로 눈높

이를 맞추도록 노력해야 한다. 이를테면, 내담자는 '죽음'이나 '자살'이라는 말이 나올 때마다 움찔하고 힘들어하는 기색을 보일 수 있는데, 내담자가 죽음의 현실을 인식할 수 있도록 상담자가 무턱대고 '죽었다', '자살했다'라는 말을 쓰게 되면 내담자의 애도 과제를 방해할 수도 있다. 아직 내담자가 죽음과 관련된 직접적인 용어를 쓰는 데 편안하지 않다고 생각된다면 연령에 맞춰 대체할 수 있는 표현을 사용하는 것이 적절할 수 있으며, 경우에 따라 내담자가 사용하는 용어(예: "하늘나라에 가서 이제는 돌아오지 않는다")를 사용하면서도 내담자가 사용하는 용어로부터 보다 현실을 인식하고 수용하기에 적합할 수 있는 용어(예: "스스로 생을 마감했다")로 자연스럽게 옮겨 가도록 조력할 수 있다.

(4) 애도 심리교육: 책이나 관련 자료 소개

때로는 죽음에 관한 책을 읽으며 애도 이야기를 시작하는 것이 도움이 되기도 한다. 내담자와 비슷한 상황을 이야기하는 자료를 내담자와 상담자가 함께 돌아가며 소리 내어 읽는 것도 애도 이야기를 돕는 좋은 방법 중 하나다. 이는 본격적으로 내담자의 이야기를 듣기 전에, 좀 더 정중하면서도 덜 방어적인 방법으로 활용할 수 있다. 내담자의 애도 경험에 대해 즉시 말하라고 하는 대신, 자기 상황에 대해 시, 소설, 그림, 영화 등 다양한 방식으로 표현할 수 있다는 점을 안내함으로써 자연스럽게 자신의 이야기를 시작할 수 있도록 돕는다.

또한, 애도 관련 책이나 자료는 내담자가 자신의 경험을 더 넓은 맥락에서 이해하고, 애도 과정에 관해 정확한 지식을 습득하는 데 도움을 준다. 책을 통한 간접 학습은 내담자에게 정서적 거리 두기의 기회를 제공한다. 자신의 애도 상황에 대한 감정적 압도를 줄이고, 상황에 대한 새로운 통찰을 얻는 데 도움이 된다. 더불어, 유사한 경험을 한 다른 사람들의 이야기를 접함으로써 내담자는 공감과 연대감을 느낄 수 있으며, 정서적 고립감을 완화하고 회복에 대한 희망을 품을 수도 있다.

책과 자료를 통해 소개되는 다양한 대처 전략은 내담자의 선택지를 넓히기도 한다. 관련 자료를 통해 내담자가 자신에게 가장 적합한 방법을 찾아 적용할 기회를 가질 수 있으며, 장기적으로 자기 관리 능력을 향상할 수 있다. 또한, 상담이 종료된 후에도 보관하고 참고할 수 있는 자료로 활용되어 지속적인 성장을 지원한다.

(5) 애도 심리교육: 사람들의 일반적 경험

애도 이야기를 소개하는 또 다른 방식은 사람들은 보통 중요한 사람이 죽고 난 이후 어떤 감정을 가지는지, 어떻게 지내는지 이야기하는 것이다. 이때 내담자가 반드시 자신의 생활 이야기를 꺼낼 필요는 없으며, 주변 사람들이 사별을 겪거나 가족원의 자살을 경험했을 때, 그 당시와 이후의 느낌, 기분, 삶의 변화 등에 대해 이야기해 볼 수 있다. 예를 들어, 사랑하는 사람의 죽음을 겪으면 그 당시에는 충격으로 인해 아무것도 할 수 없이 '꽁꽁 얼어버린' 느낌일 수 있고, 사건과 장례식 이후에는 쓸쓸함과 외로움에 자주 눈물이 날 수도 있을 것이다. 사람들이 수군거리는 것 같아 좀처럼 밖에 나가려 하지 않을 수도 있다. 엄마가 아이를 위해 뜨개질하던 목도리를 자꾸 만지작거린다거나, 딸이 옷장에 들어가 아빠의 옷 냄새를 자꾸 맡으려 할 수도 있다. 주변 사람들을 만나 힘들고 슬픈 이야기를 할 수도 있고, 물건을 자꾸 사들이기만 하고 사용은 하지 않을 수도 있다. 이처럼 자살을 경험한 주변 사람들에게서 보았거나 언젠가 들었던 이야기를 함께 나누어볼 수 있다. 이렇게 간접적인 방식으로 내담자가 겪는 상실의 슬픔에 맞닿을 수 있도록 돕고, 서서히 자신의 슬픔에 대해 직접 이야기하며 상실을 애도하기 시작할 수 있도록 격려할 수 있다. 이를 위해 부록 7의 활동지를 통해 심리교육을 진행할 수 있다.

(6) 애도 심리교육: 나의 이야기 노출

간접적으로 다른 사람들의 상실과 애도 경험을 이야기하고 나면, 내담자도 점차 자신의 경험을 드러낼 수 있을 것이란 기대를 가질 수 있다. 이때 내담자가 이야기할 수 있도록 돕는 매개체를 준비하는 것은 애도 작업을 시작하는 데 도움이 된다. 예를 들어, 상실을 다룬 소설을 함께 읽거나 관련 영화를 시청한 후 그에 대한 느낌을 나누는 과정에서 자연스럽게 내담자의 개인적인 경험으로 대화를 이끌어 갈 수 있다. 이때 상담사는 내담자가 편안하게 느낄 수 있는 안전한 환경을 조성해야 한다. 이를 위해 비판적이지 않은 태도로 경청하고, 내담자의 속도를 존중하며, 내담자가 준비됐을 때 이야기할 수 있도록 인내심을 가지고 기다릴 필요가 있다.

'나의 이야기 노출' 작업은 단순히 말로 표현하는 것에 국한되지 않는다. 글쓰기, 그림 그리기, 음악 만들기 등 다양한 창의적 활동을 통해 자신의 감정과 경험을 표현하도록 격려하는 것도 효과적일 수 있다. 이러한 활동들은 때로 언어로 표현하기 어려운 복잡한 감정들을 보다 쉽게 표출할 수 있게 해준다. 자신의 이야기를 좀 더 편안하게 꺼낼 수 있는 내담자는 부록 8의 활동지를 활용해 심리교육을 진행할 수 있다.

2 애도 상담 중기

애도 상담 중기는 내담자가 상실을 깊이 받아들이고 고인과의 관계를 재구성하는 시기이다. 이 단계에서는 다양한 기법을 통해 내담자가 그리움을 표현하거나 상실로 인해 변화된 미래를 상상하고 정리하도록 돕는다. 또한, 내담자가 고인과 부정적인 관계였을 경우, 내재된 감정을 해소하며 내담자 스스로 상실 경험을 적응적인 방향으로 통합할 수 있도록 돕는 것이 중요하다. 다음은 애도 상담 중기 단계의 목표, 전략, 개입 방식에 대한 예시를 정리한 것이다.

목표

- 고인이 어떤 사람인지 추억(추모)하기

- 고인과의 관계 속에서 형성된 정서적·행동적 기억을 추억(추모)하기
- 고인의 중요한 긍정적 측면을 자기 정체성과 삶에 통합하기
- 내담자만의 애도 방식 구축하기
- 갈등 관계에 있을 때 고인이 사망한 경우 양가감정 해소하기
- 미래의 상실을 가능성으로 채우기

전략

- 이야기 치료: 글쓰기, 이야기하기, 기록하기, 의미를 새롭게 구성하기
- 편지 쓰기: 고인 또는 자신에게 쓰는 편지
- 내담자가 원하는 도구를 활용한 애도 의식(예: 하늘에 풍선 띄워 보내기)

준비물

- 놀이 도구: 풍선 혹은 보석함
- 미술 도구: 스케치북이나 도화지, 색연필, 사인펜 등
- 편지지
- '나만의 장례식' 재료 및 도구: 초(LED), 사진, 물품, 장식품 등

기법과 활용 방법

(1) 풍선(혹은 보석함) 활동

고인이 그리울 때마다 드는 생각이나 고인에게 하고 싶은 말을 써서 떠나보내거나 잡아 보는 활동을 해 볼 수 있다. 풍선의 색깔이나 크기에 상관없이 어떤 단어나 문장이든 자유롭게 적을 수 있다고 안내하여 풍선을 내담자가 원하는 방식으로 활용할 수 있도록 한다(부록 9 참고). 청소년 이상의 내담자는 보석함에 자신의 마음을 적어 보관하게 한 뒤, 이후 회기 때마다 보석함에 담긴 자신의 생각과 마음을 읽고 확인해 볼 수 있게 한다.

(2) 애도 일기 쓰기

애도 과정과 경험을 기록하는 것을 과제로 부여해도 좋다. 이 노트는 오직 자신만 보거나, 자신과 고인만 볼 수 있는 것이라고 정하고, 편지나 일기처럼 자유롭게 쓰도록 안내한다. 내담자에 따라 '일기'라는 단어가 마치 '숙제' 처럼 여겨져 선호하지 않을 수 있다. 그런 경우에는 '나의 OO 이야기'라는 제목의 책을 쓴다고 해도 좋다. 기록물의 제목은 내담자가 짓도록 격려한다(예: OO의 애도 일기, 그리움 기록). 이를 위해 부록 10의 활동지를 활용할 수 있다.

(3) 상실 애도하기: 그리운 것

자살로 인해 '사라졌다, 잃어버렸다'라고 여기는 것은 내담자마다 그 내용이 다를 수 있다. 어떤 내담자는 '부모의 사랑'이나 '나의 보호막'과 같이 본질적인 것을 상실했다고 여길 수 있고, 또 다른 내담자는 '집에 오면 함께 게임할 수 있는 사람', '추울 때마다 잡아 주던 따뜻한 손길'처럼 매우 구체적이고 일상적인 것을 상실했다고 여길 수 있다. 그렇지만 직접 이야기할 때까지는 무엇을 상실했는지 인식조차 하지 못하고 살아가는 경우가 대부분이다.

죽음에 대해 자주 생각해 보고 누군가와 이야기해 본 사람일수록 상실한 것에 대해서도 그리워할 수 있게 된다. 그러나 그러한 환경에 있지 않다면 죽음, 죽음의 본질, 내가 잃어버린 것이 어떤 것인지 정확히 알기 매우 어렵다. 따라서 애도 상담에서는 잃어버린 것의 작은 요소에 관해 이야기함으로써 상실을 다루는 문을 열 수 있다. 잃어버렸거나 사라져버린 관계의 편안하고 사랑스러운 부분을 충분히 이야기하는 것이 애도 작업에 필요하다. 사라진 관계라 해서 꼭 외상적이고 아픈 것만 있는 것은 아니며, 고인을 매우 소중하게 기억해도 된다는 점을 내담자가 받아들일 수 있게 해야 한다. 또한, 상담자는 내담자가 고인에 관한 긍정적인 기억을 되짚을 수 있게 '그리운 것'에 대해 이야기하도록 요청하고 격려해야 한다.

고인과의 편안하고 애정 어린 측면을 상실한 것에 관해 이야기하며 애도

할 때, 고인과 내담자가 함께했던 시간이나 서로를 위해 했던 일들을 떠올리고 나누는 것도 건강한 애도에 도움이 된다. 내담자가 고인을 막연히 긍정적으로만 여기기보다, 고인과 실제로 주고받았던 상호작용을 회상하는 것이 중요하다. 그렇게 함으로써, 비록 고인은 더 이상 곁에 없지만 고인의 좋았던 점이 내담자 안에 오래 남아 있다는 것을 느낄 수 있다. 이 점은 내담자가 그 특성을 닮아가거나 누군가에게 보여줄 수 있는 자산이 될 수 있으며, 위안과 치료의 요소로 작용할 수 있다.

고인, 그리고 고인과 함께했던 상호작용을 기억하는 일은 내담자를 기쁘게도 하고, 슬프게도 한다. 이밖에 다양한 모양의 감정을 경험하기도 한다. 안전한 애도 상담 환경에서 이러한 애도 감정을 다양하게 느끼고 경험하면서 내담자는 일상에서도 감정에 대한 조절력과 통제력을 가지게 된다. 이러한 관점에서 애도 치료는 내담자의 적응적인 일상생활을 이어 갈 수 있도록 하는 데 강력한 이점이 있다. 이를 위해 부록 11의 활동지를 활용할 수 있다.

(4) 상실 애도하기: '사라진 미래' 그려 보기

'그리운 것'에 대한 이야기를 하는 것 다음으로 중요한 것은 '이렇게 그리운 것이 이제 더 이상 없다는 사실이 내담자에게 어떤 의미인지'를 이야기하는 것이다. 즉 편안했던 순간들, 애정이 오갔던 경험들, 서로를 위해 했던 일들, 서로가 맡았던 역할 등이 이제는 부재하게 되었는데, 이것이 내담자의 미래에 어떤 의미를 지니는지를 이야기하는 과정이 필요하다. 고인에 대해 그리운 것 위주로만 이야기하면 상담실을 나갔을 때 '잃어버린 것을 되찾고 싶은 마음, 갖고 싶은 마음, 그때로 돌아가고 싶은 마음'에 사로잡혀 현재 '없는 것'에 집중하게 되어 오히려 더 힘들어질 수 있기 때문이다.

내담자가 직접 미래에 어떤 것이 없어질 것이라 여기는지 언어화하는 과정에서, 상담자의 따뜻하고 타당한 반응과 격려는 내담자가 이를 견뎌낼 힘을 얻는 데 도움이 된다. 이것이 바로 '미래의 예상 가능한 상실'을 언급하는 목적이다. 그러나 미래의 상실에 관해 이야기하다 보면 다시금 큰 상실감을 겪을 수 있다. 이럴 때, 내담자가 자신의 미래에 긍정적인 일은 일어나기 어렵다고 여기거나, 어떤 가능성은 애초에 꿈꿀 수 없는 것(예: '내 삶에 결혼은 없다')이라 여길 때, 그러한 생각이 드는 것도 자연스러운 일임을 상담자가 정상화해 줄 수 있다. 그것이 하나의 일리 있는 생각임을 상담자와 내담자가 함께 인정한 뒤, 내담자가 또 다른 일리 있는 생각들도 만들어 볼 수 있음을 제안할 수 있다. 예를 들어, 고인이 멀리서 지켜보고 있다고 상상하거나, 고인을 위해 시도해 볼 수 있다고 여기는 행사에는 어떤 것들이 있을지 이야기하도록 격려하는 것이다. 이는 '고인이 없기 때문에 아무것도 가능하지 않다'고 보는 내담자의 초점을 '고인이 지켜보고 있다고 상상할 때, 내담자가 스스로 선택해 고인에게 보여 주고 싶은 희망적인 미래'로 전환하고자 하는 데 목적이 있다. 이를 위해 부록 12의 활동지를 활용할 수 있다.

(5) 양가감정 해소하기

거의 모든 사람이 때에 따라 형제자매, 부모 등 가족원과 갈등을 겪는다. 그렇기에 고인의 자살 사건 당시에 이러한 갈등이 미처 해결되지 않았을 가능성이 있다. 그러나 "죽은 사람에 대해 말하지 말라", 특히 "죽은 사람을 안 좋게 말하지 말라"는 가족이나 사회적 메시지로 인해, 내담자는 갈등에 대해 말하지 못하고 이를 풀지 못한 채 미해결 상태로 남을 수 있다. 애도 상담자는 내담자가 고인에게 갖는 부정적인 감정과 그에 관한 이야기를 경청하고, "죽은 사람에 대해 말하는 것은 나쁜 일이 아니다"라는 메시지를 전달할 필요가 있다. 또한, 모든 사람이 때로 누군가와 갈등을 겪지만, 대부분은 시간이 지나면서 이야기하는 것이 편해지기도 하고, 단순히 시간의 흐름에 따라 자연스럽게 해결되기도 한다는 점을 내담자에게 교육할 수 있어야 한다. 그러므로 그 상대가 이미 고인이 되었다면 갈등이 해결되지 못한 상태로 남아 있는 것이 당연하며, 이는 지극히 정상적인 상태임을 내담자에게 정상화해 주어야 한다.

예를 들어, 어떤 사람들은 상실의 고통을 견디다 못해 알코올이나 마약 등을 사용하는 중독 행위에 빠질 수 있다. 이들은 이러한 행위가 괴로움에서 벗어나는 데 도움이 된다고 생각할 수 있다. 물론 부적응적인 방식이기 때문에 결코 장기화해서는 안 되지만, 이들의 애도 방식이 고통을 감소시키거나 잊기 위한 시도의 일환일 수 있다는 점에서 타당화할 수 있다. 내담자의 행동이 그 당시에는 최선이었을 수도 있음을 공감해 주는 한편, 또 다른 최선의 선택이 있다는 것을 알려 주는 것은 내담자로 하여금 적응적인 애도로의 전환점을 가질 수 있게 한다. 내담자가 선택한 부적응적인 행동 패턴에 관한 이야기를 충분히 듣고 타당화한 다음, 상담자는 내담자의 적응적인 애도의 시작을 염두에 두고 "지금이 그 행동을 그만둘 수 있는 기회라면, 그래서 새로운 것을 해 볼 기회라면, 어떤 것을 해 볼 수 있을까요?"와 같이 질문할 수 있으며, 이를 위해 부록 13의 활동지를 활용할 수 있다.

고인에 대한 긍정적이고 그리운 점을 나열할 수 있는 내담자가 있는 반면, 고인의 생전에 서로 반목하고 갈등 관계에 있다가 그 관계가 하루아침에 종결되는 경우도 있다. 이러한 내담자는 고인에 대한 부정적인 기억, 고인의 단점과 결점, 갈등 관계가 미해결 과제로 남아 죄책감이나 후회, 분노, 원한 등의 부정적인 감정으로만 얼룩진 상실감을 경험하게 된다. 이혜지와 강영신(2021)의 질적 연구에 따르면, 청소년기에 어머니와 사별하고 성인이 된 여성 중 어머니와 전반적으로 긍정적인 관계에 있었던 참여자들은 인터뷰 과정에서 그리운 것에 대한 애도 이야기를 자연스럽게 풀어낼 수 있을 정도로 양가감정이 그리 크지 않았다. 그러나 어머니와 갈등 관계에 있었던 참여자들은 어머니에 대해 매우 부정적인 기억 위주로 회상하는 경향이 있었다. 어떤 참여자는 어머니의 물리적인 부재가 너무 힘들지만(미안하다는 말을 끝까지 듣지 못한 사실, 엄마를 잘 돌보지 못한 사실 등) 지금 다시 함께 있다 하더라도 그리 달갑지 않고 전혀 행복하지도 않을 것 같다고 보고하였다. 양가감정 상태에서 머무른다면 내담자의 애도 과정 또한 멈추어 버릴 수 있다. 양가감정을 해소

한다는 것은 서로 상충하는 감정을 통합한다는 의미이며, 이를 위해서는 서로 다른 감정을 충분히 인식하고 표현하는 것이 필수적이다

(6) 상상 속 대화

한 가지 희망적인 것은, 이렇게 생전 고인과 갈등 관계에 있었던 내담자 또한 건전하고 일반적인 애도 작업이 가능하다는 점이다. 죽음으로 인해 고인과의 갈등, 오해, 미해결 과제를 고인과 함께 해소하는 것은 더 이상 가능하지 않다. 그러나 상담자는 내담자에게 고인과 '상상 속의 대화'를 진행할 수 있다고 알려 줄 수 있다. 죽은 사람과의 미해결된 갈등 과제를 오랫동안 마음속에 묵혀 두고 꺼내지 않으려 할 경우, 예기치 못한 순간이나 외상 알림 요인에 의해 그 기억이 불쑥 떠올라 내담자를 힘들게 만들 수 있다. 내담자는 '상상 속의 대화'를 통해 이러한 문제와 해묵은 감정에서 조금씩 편안해질 수 있다.

이때, 종교적인 방식(기도, 신이 옆에 있다고 생각하고 고인과 대화하기 등)이나 역할극 혹은 편지 쓰기('고인이 죽기 전에 했었더라면' 하고 소망하는 모든 말을 써 보기) 등의 활동이 도움이 된다(부록 14 참고).

(7) 상상 속 답편지

편지 쓰기 활동은 다음과 같은 절차로 진행한다. 먼저, 내담자에게 처음에 고인에게 하고 싶은 말을 브레인스토밍을 통해 자유롭게 메모하게 한다. 그다음, 메모해 둔 단어나 표현을 하나씩 문장으로 엮어 고인에게 보내는 편지를 쓰도록 안내한다. 그다음에 고인이 쓸 법하거나 고인에게서 받고 싶었던 내용을 상상하여 답편지를 내담자가 직접 써 보게 한다. 이때, 편지에 어떤 내용을 쓸지 내담자에게 설명해 줄 수 있다. 예를 들어, 고인에게 사과받고 싶었다는 말, 용서를 구하는 말, 화해를 요청하는 말, 고마움을 전하는 말, 당부의 말, 긍정적인 소망을 비는 말, 미래의 다양한 행사를 응원하는 말 등을 쓸 수 있다. 중요한 것은 그 내용이 내담자가 소망하는 글이어야 한다는 점이다. 필

요하다면 예시 문장을 제시하고 함께 읽어 봄으로써 내담자의 활동 참여를 독려하고 건강한 애도를 도울 수 있다(부록 15 참고).

(8) 나만의 장례식

장례식과 같이 고인을 떠나보내는 공식적인 현장에서, 내담자는 자신이 원하는 방식으로 고인에게 작별 인사를 하지 못했을 수 있다. 작별 인사의 형태는 사람마다 다양하며, 정해진 형식이 있을 필요는 없다. 어떤 내담자는 고인에게 하고 싶었던 말이나 듣고 싶었던 말을 언어로 전하고 싶을 수도 있다. 또 어떤 이들은 고인과의 관계에서 소중했던 물건이나 해 주지 못한 것이 떠올라 이를 준비하며 추억을 되새기고 싶어 하기도 한다. 그림이나 음악 같은 예술적인 방식으로 고인에게 전달하고 싶은 마음을 표현해 '심리적인 장례식'을 열고 싶을 수도 있다. 준비물을 준비하는 과정부터 장례식을 진행하고 싶은 방식을 내담자에게 상세하게 들어 보고, 애도 상담자와 함께 준비할 수 있다.

내담자가 고인에게 자신의 마음이 잘 전달될 수 있을지 염려할 때는 다소 아쉽거나 서툴러도 괜찮다고 안내할 필요가 있다. 애도 상담자는 내담자가 조금이라도 자신만의 예식에 몰두할 수 있도록 도와야 한다. 내담자의 감정이 너무 무디거나 반대로 너무 고조될 경우, 그 감정의 흐름을 조절하는 방식으로 상담자가 개입할 수 있다. 그러나 예식 경험 자체는 전적으로 내담자의 주도하에 이루어지는 주관적 경험이 되어야 한다(부록 16 참고).

3 애도 상담 종결

애도 상담의 종결 단계는 내담자가 고인과의 관계를 건강하게 재정의하고, 고인이 없는 삶에 서서히 적응하며 앞으로 나아갈 수 있도록 돕는 시기이다. 이 단계에서는 새로운 관계에 전념하고, 고인과의 기억을 통합하여 삶 속에 의미 있게 자리 잡을 방법을 모색한다. 또한, 상담 종결 후에도 내담자가 일상에서 감정을 안정적으로 유지할 수 있도록 준비하는 것이 중요하다. 다음은 종결 단계의 목표, 전략, 개입 방식의 예시를 정리한 것이다.

목표

- 고인과의 관계 재정의
- 내담자의 역할 수정 및 수용
- 현재 관계와 현재 삶에 전념

전략

- 고인에 관한 이야기는 과거형으로 말하기
- 현재 전념할 수 있는 관계의 사람들 목록
- 현재 관계 전념의 구체적 방안(각 사람의 기여 내용을 예상하기)

준비물

- 이전 단계에서 사용한 것과 동일한 준비물을 활용할 수 있다.

기법과 활용 방법

(1) 고인과의 관계 재정의

애도 상담자는 내담자가 고인과 정신적인 대화를 할 수 있도록 격려한다. 만약 지금 고인과 대화할 기회가 주어진다면 고인이 내담자에게 무슨 말을 할 것 같은지, 하고 싶을 것 같은지, 어떤 말을 해 주었으면 하는지 상상하게 하고, 고인과 대화할 때 과거형으로 이야기하도록 안내한다. 이러한 과정을 반복하며 점차 시간이 지나면서 내담자와 고인 관계의 성격이 '상호작용'에서 '기억'의 관계로 점차 전환되기를 기대할 수 있다.

(2) 현재 관계 전념

고인이 내담자의 삶을 채워 주었던 역할을 이제는 현실에서 관계를 맺고 있는 다른 사람이 할 수 있다고 가정하며, 주변의 소중하고 중요한 사람들을 한 명 한 명 떠올려 본다. 각 사람이 내담자에게 어떤 의미를 지니고, 어떤 역할로 내담자의 삶에 기여하는지 이야기해 볼 수 있다. 예를 들어, 풍선 두 개를 준비해 한 개는 상담실의 천장에 붙인 뒤, '떠나버린 것(사람)'이라고 이름 붙이고, 바닥에는 다른 색깔의 풍선을 붙여 '현재 소유하고 있으며 오래 간직하고 싶은 것(사람)'이라고 명명할 수 있다. 현재 자신이 관계를 맺고 적극적으로 상호작용할 수 있는 사람들의 목록을 작성한 뒤, 이들과 어떻게 구체적으로 도움과 지지를 주고받을 것인지를 쓰고 실천 방안을 이야기해 볼 수 있다 (부록 17 참고).

(3) 고인 없는 삶에 적응하기

이전에는 고인을 기념하는 것이 그저 괴롭기만 했다면, 이제는 기념일에도 새로운 의미를 부여할 수 있다. 예를 들어, 엄마의 기일이 돌아올 때 '엄마가 돌아가신 날, 슬픈 날, 내가 아무것도 할 수 없는 날'에서 '엄마가 내 곁을 떠나고 나에게 새로운 삶을 주신 날, 슬프지만 내가 새로운 선물을 받은 감사한 날, 엄마를 모신 곳(예: 묘소, 납골당, 수목장터)을 찾아가 엄마가 듣고 싶은 이야기를 들려주고 가장 소중한 친구에게 위로받으며 같이 추모할 수 있는 음식을 먹는 날'로 의미를 재구성할 수 있다.

새롭게 의미를 부여하는 것뿐만 아니라, 내담자가 새로운 기념일을 주체적으로 만들 수도 있다. 고인이 없기에 불가능할 것이라 여겼던 미래의 많은 행사를 이제는 가능하고 기대할 만한 일로 만드는 것이다. 예를 들어, 자살한 동생이 없기에 어떤 것도 의미 없다고 느끼며 무기력해지는 것이 아니라, 동생이 평소에 내담자와 함께하고 싶어 했던 활동을 동생이 좋아하던 요일에 맞춰 내담자가 꾸준히 실천할 수도 있다. 내담자가 어떤 날을 기념일로 정했다면, 그날은 이제부터 내담자에게 앞으로 고인을 추모할 수 있는 중요한 날이 될 수 있다. 누군가의 생일이나 졸업식뿐만 아니라, 내담자가 스스로 의미를 부여해 만든 날도 달력에 좋아하는 방식으로 기록할 수 있다(부록 18 참고).

4 애도 상담의 성과 확인

애도 상담의 과정을 초기, 중기, 종결 단계로 나누었을 때, 각 단계마다 애도 상담의 목표를 달성함으로써 상담 성과를 확인할 수 있다. 애도 상담 초기에는 내담자가 애도에 대한 이해가 높아졌다거나 상담자와 죽음이라는 주제를 편안하게 이야기할 수 있게 된 것을 통해 상담 성과를 확인할 수 있다. 상담 중기에는 내담자가 고인과의 관계를 추억하고 애도하는 과정에서 나타나는 감정들을 경험하고 해소하면서 내담자가 자기 나름대로 애도 방식을 구축할 수 있게 된 것을 통해 상담 성과를 확인할 수 있다. 종결 단계에서는 고인과의 관계를 재정립하고, 현재의 중요한 타인들과의 관계나 현재 삶에 전념할 수 있게 된 것을 통해 상담 성과 달성 여부를 확인할 수 있다. 이외에도 내담자와 합의하여 설정한 상담 목표가 달성되었다면, 그 역시 상담의 성과라 할 수 있다.

애도 상담의 특성상, 앞서 언급한 애도 상담의 목표 달성뿐만 아니라, 내담자가 고인을 애도하는 과정에서 시도하는 '고인에게 쓰는 편지', '애도 일기', '고인을 위한 선물'과 같은 다양한 창조적 활동들의 결과물 또한 애도 과정의 기록이자 애도 상담의 성과가 될 수 있다. 이러한 상담 과정의 성과를 내담자가 함께 확인하고, 상담의 과정을 종결할 수 있다.

이상의 전반적인 애도 평가 및 상담 과정을 정리하면 다음 그림 2와 같다.

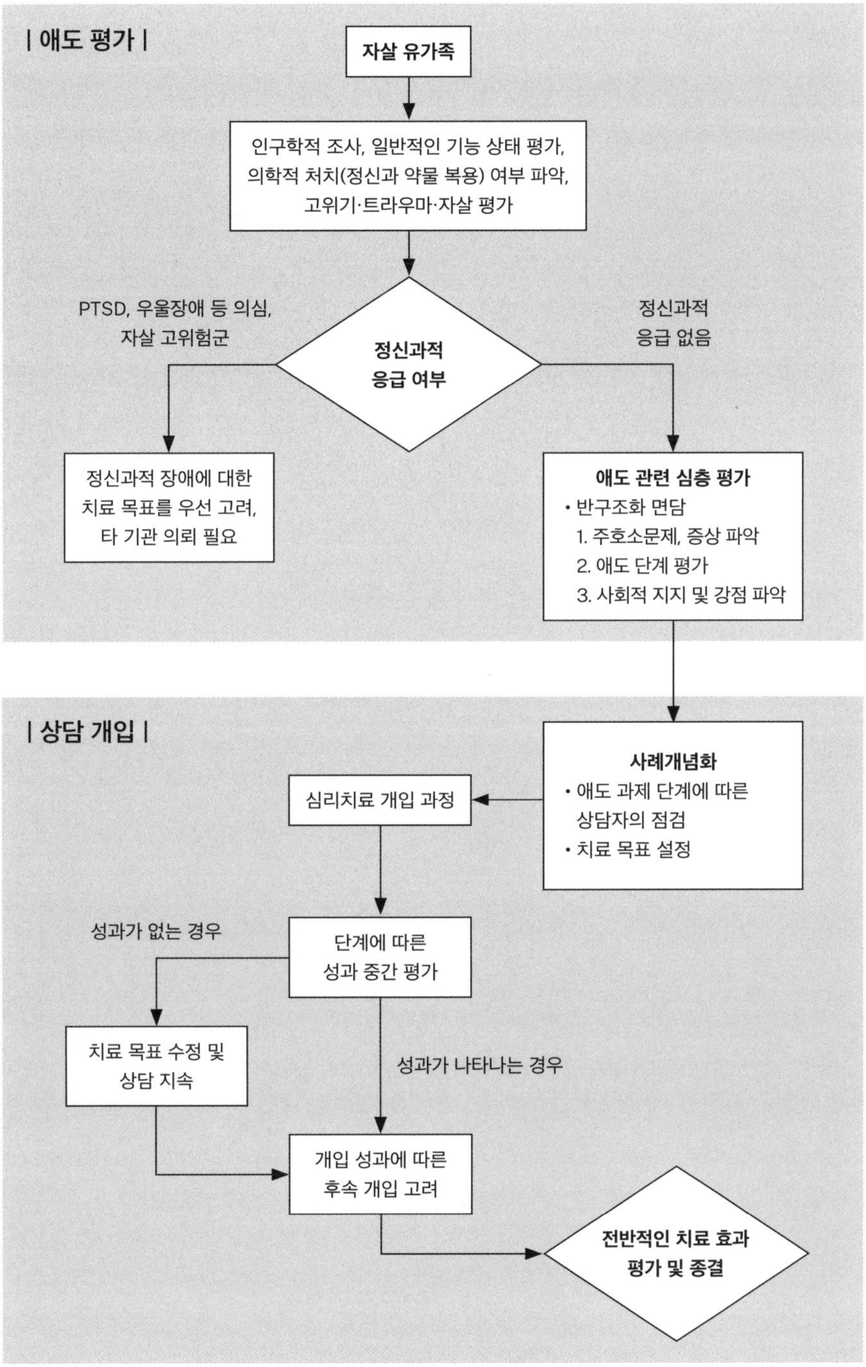

그림 2 애도 평가 및 상담 과정

5장

아동·청소년을 위한 애도 개입

아동과 청소년이 경험하는 애도는 성인과는 다른 독특한 특징을 지닌다. 그러므로 애도 과정에서 그들이 겪는 감정과 반응을 적절히 이해하고 지원하는 것이 중요하다. 어린 시절의 애착 감각이나 기존의 정체성 상실, 사회적 낙인, 수치심 등은 신뢰 상실과 고립감을 불러일으킬 수 있으며, 이는 감정 조절의 어려움이나 위험 행동으로 나타나기도 한다. 이러한 과정을 돕기 위해서는 가족과의 심리교육이 필수적이다. 부모와 보호자는 아동과 청소년의 발달 단계에 맞춰 죽음의 의미를 설명하고, 애도 과정에서 효과적인 의사소통을 통해 심리적 지지를 제공할 수 있어야 한다.

또한, 애도 의식을 통한 감정 표현과 양가감정의 해소는 아동·청소년의 건강한 애도에 큰 도움이 된다. 이를 위해 상담자는 아이가 애도 과정을 겪으며 다양한 감정을 수용할 수 있도록 따뜻한 태도로 접근해야 한다. 유치원이나 학교와 같은 생활환경에서도 이들이 애도할 수 있도록 이완 기술을 활용하거나, 부적응 행동 이면의 상실감을 이해하는 등의 개입이 필요하다. 이를 통해 아동·청소년이 상실 경험을 통합하고 안정적으로 일상을 회복할 수 있는 환경을 조성하는 것이 궁극적인 목표이다.

1 애도 방식의 특징

"도대체 왜 그랬을까요?"
"내가 막을 수 있었는데, 왜 막지 못했을까요?"
"아무리 그래도 어떻게 나(우리)에게 이럴 수가 있죠? 어떻게 그렇게 혼자가 버릴 수 있나요?"

이 세 가지 물음은 가족원의 자살을 경험한 사람들이 가장 많이 던지는 질문이다. 이 질문들은 자기 자신을 향한 것이기도 하고, 황망한 상태에서 고인에게 진실을 묻는 것이기도 하며, 주변 사람들과 세상을 향한 것이기도 하다. 그렇지만 이는 쉽게 답을 얻을 수 있는 질문이 아니다. 질문을 하면서도 이 질문이 누구를 향한 것인지, 어떻게 이야기를 풀어야 할지 모르는 경우가 많다. 특히 아동·청소년은 가족원의 자살을 상상하지도, 예상하지도, 그리고 이해하지도 못하는 경우가 많다. 주변인의 자살을 경험하면 슬픔과 괴로움의 늪에 빠지는 것은 당연하나, 아동·청소년의 경우 언어로 자신의 애도 감정을 표현하거나 주변의 지지 자원 혹은 전문적인 도움을 찾는 데 있어 성인보다는 그 어려움이 훨씬 클 것이다. 자살에 따른 일반적인 애도 반응 이외에 아동·청소년이 겪을 만한 애도 반응의 방식을 알면 애도 상담 과정에서 내담자의 발달 단계에 따라 민감하게 개입할 수 있다.

애착 감각과 기존 정체성 상실

미미는 남동생 비비와 비교적 사이가 좋은 13세 여학생이자 누나이자 딸이다(미미와 비비는 저자 중 한 명이 애도 상담 작업을 했던 아동 내담자들의 가명이다). 어머니와 아버지가 늦은 시간까지 근무하는 동안, 미미는 식사를 차려 비비와 저녁 식사를 함께하고 비비의 숙제를 도와주곤 했다. 학교 적응 문제로 힘들어하던 비비가 어느 날 스스로 목숨을 끊었고, 어머니와 아버지는 아들을 잃은 슬픔과 우울감에 깊이 빠져 미미에게 정서적으로 함께 있어 주지 못했다. 미미는 자신이 동생을 살리지 못했다는 자책감에 빠졌고, 자주 몸이 아팠으며, 학교생활에도 이전처럼 잘 적응하지 못했다. 미미는 PTSD 증상을 겪었고, 부모님의 '딸'과 동생의 '누나'라는 애착과 역할의 상실감을 크게 느꼈다. 이러한 정체성의 상실이 미미에게 견디기 어려운 고통을 준 것이다.

이러한 애착 또는 역할 상실은 애도 과정에서 중요한 요소가 될 수 있다. 누나라는 역할 상실은 자신이 가족 내에서 차지하던 위치와 정체성을 흔들리게 하며, 이는 동생의 죽음 그 자체만큼이나 큰 심리적 충격과 고통을 가져올 수 있다(Neimeyer, 2000). 예를 들어, 누나는 동생을 돌보고 지지하는 역할을 통해 자신의 존재 가치를 느꼈을 수 있다. 그러나 동생의 자살로 인해 그러한 역할을 더 이상 수행할 수 없게 되면서, 누나는 자신이 무가치하다는 느낌을 받을 수 있다. 이러한 감정은 상실감을 더욱 복잡하게 만들고, 애도의 과정에 깊은 영향을 미친다.

이와 같은 역할 상실은 다른 가족원들도 경험할 수 있다. 부모는 자녀를 보호하고 양육하는 역할을 상실하게 되며, 이는 부모로서의 정체성도 흔들리게 할 수 있다. 형제자매는 함께 자라 온 동반자를 잃게 되며, 친구의 역할을 상실하게 된다. 이처럼 한 가정 안에서도 고인과의 관계에 따라 각 가족원이 경험하는 상실과 애도의 양상은 크게 다를 수 있다.

낙인과 수치심으로 인한 신뢰 상실과 고립

아주 어린 아동이라면 아직 낙인이나 수치심에 대한 감각이나 지각이 미숙할 수 있다. 그렇지만 대부분 아동·청소년은 세상이 공정하고 안전하다고 여기던 관점이 자살 사건으로 인해 산산조각이 나는 것을 경험할 수 있다. 특히 아동·청소년은 자살한 사람이 누군가에게 또는 어디에도 기대지 못하고 죽었다는 사실과, 자신이 어떤 것도 해 볼 수 없었다는 사실을 통해 '나조차 믿을 수 없는 사람이었을지도 모른다'는 해석에 이르게 되며, 인간에 대한 전반적인 신뢰를 의심하거나 상실할 수 있다. 그 때문에 교사나 또래 친구들, 심지어 부모나 형제자매까지도 믿을 수 없는 존재라고 여길 수 있다.

자살은 특성상 정확한 이유와 과정을 고인만이 알기 때문에 현실에서는 추측이 난무할 수 있다. 또한 가족 안에서 자살이 일어났다는 사실은 가족에게 그 책임과 비난의 소지가 있을 것이라는 주변인들의 시선이나 추측과 맞물려, 정체성과 자기개념을 형성해 가는 과정에 있는 아동·청소년에게 매우 감당하기 힘든 경험이 되어 죽음에 대한 낙인을 만들어 내기 쉽다. 이로 인해 아동·청소년과 생존 가족원들은 이웃과 지역사회 안에서 마음 놓고 슬픔을 표현하지 못하는 경우가 많다. 특히 자살 자체가 충격적인 사건이기 때문에, 비난이나 낙인을 의도하지 않더라도 주변 사람들이 자연스럽게 불편함이나 고통스러움을 피하고자 하고 자살을 경험한 사람들로부터 거리를 두고 싶어 할 수 있다. 그뿐만 아니라 유가족에게 어떤 말을 해야 할지, 어떻게 도와주어야 할지 잘 모르는 경우가 많다. 따라서 위로와 지지를 주고받는 경험을 거의 하지 못하게 되어, 아동·청소년은 이를 낙인과 불신의 개념으로 해석하고 더욱 고립될 수 있다.

감정 조절 곤란

가족원의 자살이라는 죽음을 경험한 경우, 주요 애도 감정인 슬픔만 느끼는 것이 아니다. 분노, 자책감, 비난, 억울함, 심지어는 해방감 등 다양한 애도 감정을 느낄 수 있다. 그러나 가족원의 자살을 접한 아동·청소년은 여러 감정을 무시한 채(또는 알아차리지 못하고) 한 가지 감정에만 머무를 수 있다. 예를 들어, "도대체 우리가 있는데 왜 혼자 그런 선택을 했지?"라는 생각에 큰 답답함과 분노만을 느끼며 이 상황이 부당하다는 생각에만 몰두할 수 있다. 그렇게 될 경우, 이로부터 이어지는 행동은 적응적이지 않은 방향으로 전개될 가능성이 크다. 어떤 아동·청소년은 다양한 감정들이 교차하여 자신이 무슨 감정을 느끼는지, 어떻게 반응해야 할지 알 수 없어 그저 혼란스럽기만 할 수도 있다. 따라서 일부러 감정을 느끼지 않으려고 애써 억압하고 차단할 수 있다. 또 어떤 경우에는 고인에 대해 부정적인 감정과 긍정적인 감정을 동시에 갖는 양가감정이 들면서, 이것이 정상이 아니라고 느껴 죄책감에 빠지기도 한다.

어린(미취학) 아동의 애도 방식

• 영유아 단계로 퇴행

- 구체적인 이유가 없는 두통, 복통
- 울다가 웃다가 잦은 기분 변화
- 친구들에게서 멀어졌다가 다시 어울리는 등 일관되지 않은 행동
- 친구들과는 너무 다른 경험을 했기에, 이를 환상이라고 생각해 일어난 일에 대해 전혀 이야기하지 않음
- 죽음의 의미를 정확하게 모르기 때문에 고인이 일시적으로 죽었다가 영웅처럼 살아날 것이라고 기대함
- 조용하고 모범적이던 아동이 공격적으로 말하거나 행동함
- 공격적이고 반항적이던 아동이 자주 침묵하거나 철회 행동을 보임
- 부모에게 죽음에 관해 이야기하면 혼날지도 모른다는 두려움 때문에 말을 꺼내지 못함

학령기 아동·청소년의 애도 방식

- 어린 아동 단계로 퇴행하거나 이와 반대로 또래보다 성숙하게 말하고 행동하려 노력
- 부모화 가능: 자신이 희생해서라도 가족원을 챙겨야 하고, 더 착하고 성실하게 죽은 가족원의 몫까지 잘 살아 내야 한다고 다짐함
- 부적응적 인지: '나 때문에 그런 것은 아닐까?', '내가 살릴 수 있었는데', '이렇게라도 했더라면', '앞으로 많은 행사(졸업, 결혼, 출산, 직업 변화, 퇴직, 생일)가 의미 없을 것이다'
- 죽음의 의미를 비교적 잘 알기에 많이 울 수도 있지만, 반대로 다른 애도 감정(예: 분노, 배신감)으로 인해 전혀 울지 않을 수도 있음
- '도대체 왜'라는 질문을 매일 같이 자신이나 주변 사람들에게 던짐
- 고인과 생전에 갈등 관계가 있었을 경우, 고인이 자살하였을 때 극도의 죄책감에 빠짐
- 세상으로부터 고립된 느낌과 외로움을 겪음

- 형제자매가 죽은 경우, 부모가 세상을 떠난 자녀에 대한 상실감에만 빠져 있다고 여기며, 남은 자녀인 자신을 '잊어버렸다'라고 느낌

아동·청소년의 특정 애도 방식을 살펴보면, 자살이 일어난 이후 주변에서 타당한 설명을 제공하고 내담자가 본인의 느낌, 생각, 궁금했던 것, 어떻게 하고 싶은지 등을 이야기할 기회를 마련해 주는 것이 애도 상담에서 가장 중요하다고 볼 수 있다. 경청해 주는 태도와 죽음(자살 사건)에 관한 이야기를 나눌 수 있는 지지 자원의 존재 여부는 아동·청소년이 일반적인 애도 과제를 시작할 수 있을지, 외상적 애도만을 경험하게 될지를 결정짓는 핵심 요인이라고 해도 과언이 아닐 것이다.

청소년의 위험 행동

가족원의 자살로 인해 중요한 가족 관계, 애착 관계, 기존의 역할 등이 상실되면, 청소년은 자신의 역할과 정체성에 대한 혼란을 겪게 된다. 이러한 혼란은 충동적이고 위험한 행동으로 이어질 수 있다(Cerel & Roberts, 2005). 즉, 청소년기에는 발달적 특성으로 인해 자아 정체성 확립과 감정 조절의 어려움이 두드러지며, 이로 인해 위험 행동이 나타날 수 있다. 이러한 특성이 있는 청소년은 가족원의 자살로 인해 심리적 충격과 불안을 경험하며, 죽음의 고통을 극복하기 위해 도둑질과 같은 반사회적 행동을 하기도 한다. 연구에 따르면, 부모의 사망을 경험한 청소년은 충동적이고 공격적인 반사회적인 행동을 보이는 경향이 있으며, 이는 감정적 고통을 외적으로 표현하려는 시도로 볼 수 있다(Boyd, Polanco-Roman, & Hernandez, 2021). 일부 청소년의 경우, 정서적 고통을 성적 행동으로 해소하려는 경향도 있다. 성적 행동은 일시적인 감정적 완화를 제공할 수 있으나, 장기적으로는 심리적 문제를 악화시킬 수 있다(Guzzo & Gobbi, 2021).

2 가족 심리교육

아동·청소년과의 개별적인 상담 전에는 가족 대상으로 심리교육을 진행할 필요가 있다. 가족 심리교육을 통해 가족구성원들이 가족원의 죽음에 대해 어떤 애도 반응이나 과정을 경험하고 있는지 관찰할 수 있다. 가족 심리교육은 상실 이후 나타날 수 있는 애도 반응 및 애도 과정에 대한 정보를 제공하여 아동·청소년과 부모의 반응을 정상화할 수 있는 좋은 기회이다. 또한, 부모는 자녀의 애도 과정을 돕는 데 있어 어려움을 겪을 수 있기 때문에 이러한 심리교육을 통해 자녀의 애도 과정을 조력할 수 있는 양육 태도 및 기술을 배울 수 있다.

가족 심리교육은 부모, 자녀 각각 개별 회기로 진행할 수 있고, 필요에 따라 부모-자녀 공동 회기로 진행할 수도 있다. 자녀가 아동일 경우, 상담자는 부모와 먼저 개별 면담을 진행함으로써 아동에 대해 미리 알아 두어야 할 정보를 부모로부터 얻을 수 있다. 자녀가 청소년이라면 부모와 개별 면담을 먼저 진행하는 것이 청소년에게는 자신이 가장 먼저 상담 및 치료 대상이 되지 못하거나 존중받지 못한다는 느낌을 줄 가능성이 있다. 따라서, 청소년과의 개별 면담을 먼저 진행한다는 것을 안내한다.

심리교육의 주목적은 심리적인 정보 제공이지만, 상담자의 일방적인 정보 제공보다 아동, 청소년, 부모 모두가 자신의 애도 과정에 대해 충분히 이야기할 수 있는 장이 되어야 함을 잊지 말아야 한다.

죽음의 의미 공유 및 설명

가족원이 자살로 생을 마감했을 때, 남겨진 가족구성원 간에 고인의 생전 모습과 고인의 죽음 상황, 그 죽음에서 비롯되는 정서들을 이야기 나누는 것을 금기시하는 경우가 많다. 이때 아동은 가족 안에서 고인에 관해 이야기하는 것이 잘못된 일이라는 암묵적인 규칙을 내면화하게 되어, 건강한 애도 과제를 수행하는 데 방해를 받을 수 있다. 따라서 가족을 대상으로 심리교육을 진행하는 과정(공동 회기의 경우)에서 각 가족구성원이 고인의 죽음에 대해 어떤 의미를 부여하고 있는지 함께 이야기 나누는 시간을 가지는 것이 중요하다. 이는 가족 안에서 고인의 죽음을 더 이상 금기하지 않아도 된다는 안전하고 타당한 메시지를 전달하는 과정이다. 상담자는 각 가족구성원이 자신의 상실에 관해 이야기하는 동안 나머지 가족원들은 그 이야기에 경청하도록 안내하고, 각 구성원의 반응을 타당화할 수 있다. 이 과정에서 가족원들은 그동안 제대로 알지 못했던 서로의 애도 경험에 대해 이해할 수 있다.

만일 부모 중 한 사람이나 형제자매가 사망한 경우, 가족원들은 이러한 이야기 과정을 통해 아동·청소년이 가족원의 죽음을 어떻게 이해하고 있는지에 대한 인식을 확장할 수 있다. 아동은 종종 자신의 행동이 죽음의 원인이 되었다고 오해하거나, 죽음의 개념을 단순히 '사라짐'으로 이해하는 경우가 많다. 한편, 청소년은 자살의 사회적·심리적 맥락을 파악하려고 하면서도, 종종 혼란과 분노, 죄책감을 경험한다.

어느 발달 단계에 있느냐에 따라 아동과 청소년은 각각 다른 경험을 하고 있을 가능성이 크다. 따라서 가족 간의 애도 이야기 과정은 아동이 잘못된 오해를 풀고 안정감을 얻는 데 도움을 주며, 청소년이 복잡한 감정을 표현하고 죽음의 의미를 성숙하게 이해할 수 있는 계기를 제공한다. 예를 들어, 어린 아동은 혼나지 않기 위해, 또는 비난받지 않기 위해 고인의 죽음에 대해 자신이 느끼는 것을 이야기하지 않을 수도 있다. 또한, 아동은 가족구성원의 죽음이나 죽음의 의미에 대해 이해하기 어려워하기 때문에 상담자는 아동의 발달 상태에 따라 죽음의 의미를 다음과 같이 설명해 주는 것도 필요하다.

죽음

- 저학년/유아: 몸이 다 멈춰서 더 이상 숨 쉬거나 이야기하거나 놀 수 없는 상태

• 고학년: 몸의 작동과 기능이 영원히 멈춰서 다시 움직이거나 숨 쉬거나 생각할 수 없는 상태

자살

• 저학년/유아: 사람이 스스로 그렇게 몸을 멈추게 한 것

• 고학년: 사람이 스스로 그렇게 하기로 결정해서 몸의 작동이 멈추게 된 것

가족구성원의 죽음에 대해 '다른 곳으로 떠났다', '하늘나라로 갔다' 등의 완곡한 표현은 '다시 되돌아올 수 있다'는 오해를 만들면서 아동을 혼란스럽게 할 수 있다. 가족구성원이 죽었음에도 아동에게 이를 비밀로 하거나 거짓말을 하는 것 또한 일시적으로 안심시키는 데 효과적일 수 있지만, 훗날 진실과 진실이 아닌 것 사이에서 혼란을 겪으며 가족구성원에게 배신감을 느끼거나 애도 과제를 지연시키는 문제를 발생시킬 수 있다. 아동·청소년의 신체적·심리적 상태가 아직 매우 취약한 경우, '죽음', '죽었다' 등의 용어를 반복적으로 사용하거나 충격을 줄 수 있는 죽음의 세부적인 부분을 직접적으로 언급하는 것은 주의해야 하지만, 필요 시에는 죽음에 대해 명확히 전달하는 것이 더 적절함을 안내할 수 있다. 아동의 애도 과정은 고인의 죽음을 알고 이해하는 데서부터 출발할 수 있다.

아동의 나이가 어릴 경우, 가족구성원의 죽음이 자살이라는 사실을 아이에게 전달해야 할 것인지, 어떻게 전달할 것인지를 고민하는 것은 부모에게 남겨진 중요한 숙제일 수 있다. 이를 위해서는 아동의 나이와 그에 따른 발달 수준, 적응력, 정서 반응 등을 종합적으로 고려해야 할 필요가 있다. 또한, 죽음의 방식이 자살임을 전달하는 것보다 아동에게 중요한 애착 대상이었던 고인이 다시 돌아올 수 없다는 사실을 명확히 알리는 것이 중요하다. 이를 분명하게 알리지 않게 되면 죽음이 주변 사람들 모두 쉬쉬하는 것, 공개적으로 이야기할 수 없는 것이라는 암묵적인 메시지를 받을 수 있기 때문이다.

발달 수준에 따른 아동·청소년의 애도 과정 이해

애도 과정에 대한 기본적인 정보나 이해가 부족하면, 자녀로서는 현재 자신이 보이는 반응들이 아무리 정상적인 애도 반응이라 하더라도 여전히 혼란스러울 수 있고, 부모 역시 자녀의 애도 반응을 부적절하거나 비정상적인 것처럼 여기며 서로의 애도 과정을 더욱 복잡하고 외상적인 것으로 만들 수 있다. 따라서 가족원들에게 아동·청소년에게서 나타날 수 있는 애도 반응과 애도 과정에 대한 정보를 제공하는 것은 가족원들이 서로를 이해하고 안정감을 느낄 수 있는 기회가 된다.

아동의 경우, 정서적 어려움을 언어적으로 표현하기가 어려우므로 애도 과정에서 자신이 감당하기 어려운 감정들을 부적응적인 행동 방식으로 표현할 수 있다. 예를 들어, 아동은 애도 과정 중 보호자에게 과도하게 떼를 쓰거나 공격적인 태도를 보일 수 있다. 또한, 식욕을 잃거나 수면장애가 발생할 수 있고, 친구나 가족들에게서 철수하거나 반대로 과도하게 매달리는 행동을 보일 수도 있다. 손가락을 빨거나 아기와 같은 말투를 쓰는 등 퇴행적인 행동을 보일 수도 있고, 학교에 가기 싫어하거나 부주의로 학업 문제가 발생할 수 있다(Freeman, 2005). 이때 부모는 아동의 행동에 휘둘려 스트레스를 받는다고 호소하거나 강압적인 태도로 반응하기보다는, 행동 이면에 있는 아동의 불안감이나 슬픔 등의 감정을 알아차려 주는 기술이 필요하다.

청소년의 경우에는 애도 과정 중에 괜찮아진 것처럼 보이다가도 다시 심각한 반응이 나타나는 기복을 경험할 수 있고, 자신의 반복적인 정서 변화에 혼란스러워 할 수 있다. 가족원이 자살로 사망한 상황에서 부모는 청소년 자녀가 감정을 스스로 조율할 수 있는 시간을 존중하면서, 자녀가 준비되었을 때 대화를 나눌 수 있는 열린 태도를 유지해야 한다. 지나치게 상태를 물어보는 대신, '나는 네 곁에 있을 준비가 되어 있다'는 메시지를 전하며, 자녀가 도움을 요청하거나 감정을 나누고 싶을 때 부모를 안전한 대화 상대로 느낄 수 있도록 신뢰를 쌓아야 한다. 상담자는 이를 부모가 이해할 수 있도록 설명해야 하고, 필요에 따라 부모 면담 중에 간단히 연습해 볼 수도 있다.

또한, 아동·청소년의 경우, 나이에 적합한 성숙도 수준을 넘어서 부모를 돌보아야 한다는 과도한 책임감을 느끼기도 한다(Cohen et al., 2017). 이를 부모화(parentification) 과정이라고 한다. 부모는 아이가 '모든 일을 알아서 잘해야 한다'고 혼자 해석하고 행동하게 되는 것을 습관화하지 않도록 돕고, 아이로서 자신의 발달 단계에 맞는 생활을 지속할 수 있도록 자녀의 일상에 안정감을 제공해야 한다. 이를 위해 아이가 먹고, 자고, 입는 것 등 기본적인 욕구를 충족시키는 데 세심하게 신경 쓰며, 가능한 한 기존의 규칙적이고 예측 가능한 일상을 유지해야 한다. 특히 고인이 부모 중 한 명일 경우, 남은 부모는 자녀가 자신의 남아 있는 유일한 보호자마저 사라질지도 모른다는 심각한 불안과 불신감을 느낄 수 있음을 이해해야 한다. 이런 불안과 불신감은 단순히 '엄마(아빠)는 네 곁에 계속 있을 거야'라는 말로는 해결되지 않을 수 있다. 대신, 부모는 자녀와 함께하는 구체적인 일정을 세우고, 그 약속을 지속적으로 지키며, 포옹이나 손을 잡는 등 일상적인 신체적 접촉을 통해 신뢰감과 안정감을 전달할 수 있다. 또한, 아이의 불안을 들어주고, 부모 자신도 이 상황에서 슬픔과 힘겨움을 느끼지만 자녀와 함께 이겨낼 수 있다는 메시지를 반복적으로 전달하는 것이 중요하다.

아동·청소년의 애도 과정을 돕는 기술

(1) 부모-자녀 간 의사소통

자녀가 사망한 가족원에 대해 이야기를 꺼내는 그 순간, 부모가 보이는 반응은 자녀의 애도 과정을 형성하고 이에 영향을 미칠 수 있다. 그러나 부모는 이러한 상황에서 적절한 반응과 대화 방식을 몰라 어려움을 겪는 경우가 많다. 특히 자녀와 함께 고인에 관해 이야기를 나누는 것이 자녀에게 정서적으로 도움이 되지 않을 수도 있다는 막연한 불안감을 경험하기도 한다. 상담자는 부모가 이러한 불안을 충분히 이야기할 수 있도록 기회를 제공하고, 애도 과정에서 고인과 고인의 죽음으로 인해 경험하는 감정이나 생각을 함께 이야기 나누는 게 중요함을 안내할 필요가 있다. 자녀가 표현하는 감정이나 생각에 대해 특별한 개입보다 경청과 공감적 반영, 그리고 이를 수용하는 태도만으로도 자녀의 심리적 안정에 크게 기여할 수 있다. 그러나 자녀가 사망한 가족원에 대한 감정이나 경험을 공유할 준비가 되어 있지 않다면, 이를 강요하지 않고 자녀의 속도를 존중하며 기다리는 태도가 필요하다.

한편, 부모는 자녀의 감정을 공감적으로 반영한다는 것이 무엇인지 잘 알지 못할 수 있으므로, 상담자는 심리교육 과정에서 이를 안내하고 부모와 함께 연습해 볼 수 있다. 우선 부모는 자녀가 자신의 감정을 표현하는 것을 환영하고 격려하는 것이 중요하다. 이를테면, "너의 기분을 엄마(아빠)에게 알려 줘서 고마워. 엄마는 네가 어떤 마음인지 더 잘 알게 된 것 같아."라고 표현해 볼 수 있다. 이를 통해 자녀는 자신이 감정을 표현하는 것이 긍정적인 일이며, 부모로부터 수용받을 수 있음을 경험하면서 감정 표현이 더욱 촉진될 수 있다. 감정 표현을 환영하는 것에서 더 나아가 감정을 공감적으로 반영하는 연습을 해 볼 수 있다. "보드게임은 항상 언니(고인)랑 같이 했는데, 혼자 하니까 기분이 이상해."라는 자녀의 반응에 부모는 "보드게임 하니까 언니 생각이 나고, 허전한가 보구나. 언니가 있었으면 재밌게 했을 텐데… 그렇지?"와 같이 감정의 단어를 통해 자녀의 감정을 반영해 볼 수 있다. 이러한 부모의 공감적인 감정 반영은 자녀가 자신의 감정을 더욱 충분히 경험하고 소화하도록 조력할 수 있다.

(2) 자녀의 애도 과정을 돕는 언어적 표현

부모가 상실을 경험하고 있는 아동·청소년 자녀를 위로하기 위해 건네는 말 중에는 애도 과정에 도움이 되는 말도 있지만, 그렇지 않은 말도 있다. 자녀에게 고인의 이야기를 못하게 하거나 이제는 고인을 잊으라고 강요해서는 안 되며, 자녀의 생각과 감정에 대해 섣부른 판단을 전달해서도 안 된다. 자녀가 충분히 고인을 그리워하고 고인에 관해 이야기할 기회를 만드는 것이 중요하다. 또한, 자녀에게 사랑과 지지를 담은 언어적 표현과 상황이 나아질 수 있다는 긍정적 표현을 하고, 자녀를 비롯한 가족 모두가 상실에 대해 잘 대처해 나가고 있음을 지속해서 격려하는 과정도 중요하다. 따라서 심리교육 과정에서 자녀를 지지할 수 있는 적절하고 도움이 되는 언어 표현을 안내하고 함께 연습해 볼 수 있다. 자녀의 애도 과정에 도움이 되는 말과 도움이 되지 않는 말의 구체적인 예시는 다음과 같다.

도움이 되지 않는 말들

- "네가 자꾸 슬퍼하면, 엄마(고인)가 힘들어할 거야. 그러니까 그만 슬퍼해."
- "네가 자꾸 울어도 소용없는 일이야."
- "엄마를 이제 다시는 볼 수 없으니까 그냥 엄마는 잊는 게 좋아."
- "아빠(남은 부모)도 힘드니까 엄마 얘기 좀 그만해."
- "다른 사람들 앞에서 절대 엄마가 자살했다고 이야기하면 안 돼."
- "아직도 힘들어하고 있으면 어떡하니."
- "엄마 물건은 이제 다 눈에 안 보이는 곳에 치워야지. 눈에 보이면 괜히 너만 더 힘들어져."
- "너만 힘든 거 아니야."
- "힘내. 시간이 흐르면 괜찮아질 거야."

도움이 되는 말들

- "엄마 생각이 나서 많이 슬프구나."
- "엄마 생각이 많이 나지. 너의 마음이 어떤지 이야기해 줄 수 있어?"
- "엄마가 옆에 있었으면 좋겠는데, 이제는 그럴 수 없으니 너무 속상하고 슬프기만 하지?"

- “슬퍼해도 괜찮아. 그리고 엄마를 마음껏 보고 싶어 해도 괜찮아.”
- “지금은 엄마를 그리워해도 되는 시간이야. 그리고 앞으로도 엄마가 그리우면 언제든지 그리워해도 괜찮아.”
- “엄마가 많이 보고 싶지. 엄마의 어떤 모습이 생각나?”
- “엄마한테 어떤 말을 해 보고 싶어?”
- “엄마가 옆에 계시다면 OO(이)에게 어떤 말을 해 줄 것 같아?”
- “엄마는 안 계시지만 엄마가 OO(이)를 사랑한 마음은 OO(이) 옆에 계속 함께할 거야.”
- “지금 내가 어떻게 하면 네 마음이 가장 편할 것 같아?”

아동·청소년의 애도를 돕기 위한 부모의 정서 조절

가족원을 사별한 이후에는 부모가 보여 주는 정서적 안정과 일관성이 아동과 청소년의 심리적 회복에 중요한 영향을 미친다(Melhem et al., 2011). 부모 역시 사별을 경험한 상태이기 때문에 정서적인 안정을 유지하기가 쉽지 않을 수 있다. 하지만 상담자는 부모의 안정이 자녀의 안정에 강한 영향을 미친다는 것을 안내하고, 부모가 자신의 정서를 안정시킬 수 있도록 조력해야 한다.

상담자는 일차적으로 부모가 경험하는 부정적인 정서가 사별 이후 경험할 수 있는 정상적인 감정이라는 것을 타당화하고, 부정적인 정서도 각각 그 기능이 있다는 것을 안내할 수 있다. 예를 들어, 불안은 개인이 잠재적 위험에 대비하고 대처할 수 있도록 경고 신호를 제공하며, 슬픔은 중요한 무언가를 상실했다는 사실을 인식하고 이에 적응하도록 돕는 심리적 과정의 일부라는 점을 이해시킬 수 있다. 이러한 안내를 통해 부정적인 감정이 단순히 피하거나 제거해야 할 것이 아니라, 인간의 생존과 성장에 중요한 역할을 하는 자연스러운 정서적 반응임을 깨닫도록 도울 수 있다.

부모가 부정적인 정서에 대처하는 방식을 탐색하는 것은 매우 중요한 과정이다. 부모가 자신의 정서를 회피하거나 억압하는 경향이 있다면, 이러한 전략은 단기적으로는 정서를 통제하는 데 효과적인 것처럼 보일 수 있지만, 시간이 지나면 억눌린 감정이 점차 쌓여 더 강하게 터져 나오거나 더 빈번하게 나타나는 결과를 초래할 수 있다. 이러한 반응은 부모 자신의 정서 건강뿐만 아니라 자녀에게도 부정적인 영향을 미칠 위험이 있다. 따라서 부모가 자신이 경험하는 정서를 자각하고 이를 언어로 표현하는 법을 배우는 것이 중요하다. 이를 위해 부모에게 다양한 정서 조절 기술을 안내할 수 있는데, 예를 들어, 안전감을 느낄 수 있는 장소나 대상을 상상하며 심리적 안정을 찾는 심상화 기법, 현재의 신체 감각과 연결되는 그라운딩 기법(예: 발바닥이 땅에 닿는 느낌에 집중하기), 깊고 천천히 호흡하는 복식호흡, 몸을 이완시키는 샤워 등 구체적인 방법들을 적용해 볼 수 있다. 이러한 접근은 부모가 자녀에게 긍정적 정서 조절 모델을 제공하며, 자녀 또한 건강한 정서 표현 방식을 배우는 데 기여한다(Greenberg, 2017).

3 아동·청소년의 애도 의식

아동의 나이가 어릴수록 죽음을 이해하기 어렵다는 이유로 아동을 장례 절차와 같은 의식에서 배제하는 경우가 많다. 상담자는 이 역시 아동의 애도 과정을 방해한다는 것을 부모(가족원)에게 안내하고, 부모가 장례 절차나 제사 등과 같은 의식 중 혹은 그 후에 아동이 자신 나름의 방식대로 참여할 기회를 제공하도록 조력해야 한다. 즉, 자녀가 상실의 현실을 이해하고 고인과 작별할 수 있는 적절한 애도 의식을 마련해야 한다. 예를 들면, 발달 수준이 어린 자녀에게는 고인의 사진을 보며 함께 기억을 나누는 시간이나, 간단한 그림이나 편지 쓰기를 통해 고인에게 마음을 표현하는 활동이 도움이 될 수 있다. 청소년의 경우, 가족이 함께 고인을 추억하는 이야기를 나누거나, 장례식

후 소규모로 고인을 기리는 의식을 계획하는 것이 적합할 수 있다. 또한, 자녀가 원한다면 고인의 묘소를 방문하거나, 촛불을 켜고 고인에게 하고 싶은 말을 한 후 직접 촛불을 끄는 것으로 마무리하는 것, 나뭇잎으로 만든 배를 강물에 띄워 보내는 것 등의 의식을 통해 상실의 경험을 적극적으로 표현하고 정리하도록 도울 수 있다. 이러한 과정은 자녀가 감정을 표현하고 상실의 현실을 점진적으로 받아들이는 데 기여할 수 있다.

장례 공간에 머무는 동안에는 자녀가 필요에 따라 잠시 공간을 벗어나 쉴 수 있도록 배려하며, 그들이 느끼는 감정을 자유롭게 표현할 수 있는 환경을 제공하는 것 또한 중요하다. 이러한 과정을 통해 자녀는 가족의 일원으로서 애도와 작별의 순간에 참여하며 상실의 현실을 받아들이는 경험을 할 수 있다. 장례 절차가 진행되는 동안에는 자녀가 장례 공간에 머물거나 장례 절차에 참여할 수 있다는 점을 미리 안내하고, 참여 방법을 함께 논의할 수 있다. 예를 들어, 어린 자녀의 경우 고인의 사진이나 추억이 담긴 물건을 가까이 두고 가족들과 함께 고인에 대한 이야기를 나누는 시간을 가질 수 있다. 청소년 자녀는 고인과의 추억을 담은 편지를 작성하거나, 장례식에서 짧은 추도사를 낭독하며 애도의 과정을 함께할 수 있다. 이를 통해 본인이 고인에게 매우 중요하고 의미 있는 사람이었음을 인지하게 할 수 있다. 또한, 자녀가 원한다면 조문객들에게 인사를 전하거나 고인의 유품 정리를 돕는 등의 역할을 맡을 수 있다.

다만, 시신을 보거나 격렬한 감정 표현과 같은 장면이 아동과 청소년에게 외상으로 작용할 가능성이 있다. 따라서 이러한 상황에서는 자녀의 준비 상태와 정서적 반응을 세심히 관찰해야 한다. 어떤 자녀에게는 이와 같은 경험이 애도의 한 과정으로 받아들여질 수 있지만, 준비되지 않은 상태에서 과도한 자극에 노출되면 오히려 심리적 부담이 될 수 있다. 따라서 자녀 개개인의 정서적 상태와 필요에 맞춘 배려와 지원이 요구된다.

상실 애도하기

아동이 경험하는 상실은 단순히 고인의 사망 자체에 그치지 않고, 고인과 함께했던 일상에 대한 그리움으로 이어진다. 예를 들어, 고인과 함께 요리하거나 운동하던 일상이 상실의 대상으로 인식될 수 있다. 더 나아가 아동은 고인과 함께할 수 없게 된 미래의 중요한 순간들, 예를 들어 생일, 어버이날, 입학식, 졸업식, 학부모 공개수업 등의 행사에서도 큰 상실을 경험할 수 있다. 이러한 상실은 단지 과거의 경험뿐만 아니라, 미래에 함께할 수 없게 된 가능성들에 대한 슬픔을 동반한다. 따라서 아동 및 청소년과 이러한 상실에 대해 논의할 때는 이들의 발달 수준과 감정적 준비 상태를 충분히 고려하여, 그들의 눈높이에 맞는 방식으로 접근하는 것이 중요하다. 이와 관련하여 애도하는 아동·청소년을 위한 개입 방법에 대해 자세히 살펴보자.

(1) 애도 감정 표현 돕기

상담자는 아동이 고인과 함께했던 순간들을 상상하며 감정을 표현할 수 있도록 지원할 수 있다. 예를 들어, 그림 그리기나 콜라주 작업을 통해 아동이 상실의 감정을 표현하도록 돕는 방식이 효과적일 수 있다. 특히 미취학 아동은 고인에 대해 느끼는 그리움이나 슬픔을 언어로 표현하기 어려운 경우가 많다. 예를 들어, 엄마를 사별한 3~4세 여자아이는 할머니가 안아 주고 달래 주려고 할 때, 엄마가 안아 주었을 때의 냄새, 소리, 느낌이 어떻게 다른지 말로 표현할 수 없고 그저 엄마가 그리울 뿐이다. 이처럼, 아동은 고인에 대한 슬픔을 언어적으로 표현하는 데 한계가 있기 때문에 예술 및 놀이치료를 활용하여 언어뿐만 아니라 비언어적으로도 표현하는 것이 효과적이다.

또한 상담자는 아동에게 이전에 고인과 함께했던 활동을 이제 함께할 수 없다는 것에 대해 어떻게 느끼는지 물어볼 수 있다. 이 과정에서 아동은 깊은 슬픔을 느낄 수 있는데, 상담자는 이러한 감정이 정상적인 애도 과정의 일부이며 자연스러운 반응임을 설명해 주어야 한다. 이처럼 상담자가 아동의 힘든 감정을 지지하고 타당화하는 것이 중요하며, 애도 과정에서 경험하는 슬픔이나 분노를 느껴도 괜찮다는 것임을 알려 주고 슬픈 감정을 표현할 기회를 제공해야 한다. 또한, 다른 가족구성원 역시 고인과 더 이상 함께할 수 없어 슬퍼하고 있다는 사실을 아동이 알게 되면, 자신만이 슬픔을 느끼는 것이 아니라는 점을 인식하고 위로받는 계기가 될 수 있다. 이에 관한 활동은 부록 19, 20, 21을 활용하여 진행할 수 있다.

예시문

- "아빠랑 주말이면 함께 축구를 했었는데, 이제는 아빠와 같이 운동하지 못하는구나. 주말에 축구를 아빠랑 하지 못하게 되니 어떤 느낌이 들어?"
- "아빠가 왜 돌아오지 않는지 이해하기 어려울 거야. 가끔은 우리가 머리로는 이해하지 못하는 것도 몸이 먼저 이해하는 경우도 있거든? 그래서 몸이 말하는 것에 귀를 기울일 필요도 있는 것 같아. 지금 네 몸에서 혹시 이전과는 다르게 느껴지는 게 있니? 네 몸은 지금 무엇을 말하고 있는지 생각해 볼래?"
- "아빠가 너무 보고 싶어서 힘든 거 알아. 아빠가 보고 싶은 것에 옳지 않거나 잘못된 느낌은 없단다. 어떤 느낌이든 괜찮아. 너무 힘들면 울어도 괜찮아. 어른도 힘들면 울기도 한단다."
- "OO(이)도 이렇게 힘들어하는데 다른 가족들은 어떨까? 가족들은 힘들 때 어떻게 하는 것 같아? 가족들이 힘들어하는 걸 본 적이 있다면 이야기해 줄래?"

(2) 미래 행사 예상하기

상담자는 아동·청소년이 고인과 함께 보낼 것이라 예상했던 중요한 행사(예: 졸업식, 입학식, 결혼식, 부모님 환갑일, 이사일 등)를 어떻게 특별하게 기념할 수 있을지 직접 생각해 보도록 유도할 수 있다. 아동·청소년에게 특별한 행사가 다가올 때, 고인의 가장 친한 친구나 지인을 초대하여 고인을 대변할 수 있는 사람으로 삼는 것도 좋은 방법이다. 또한, 아동이 고인을 기억하며 애도 의식을 진행하거나 고인에게 특별히 헌정할 수 있는 행사에 참여해 애도를 표현하는 것도 매우 유익하다. 예를 들면, 고인을 기리며 마라톤을 하거나 자원봉사를 하는 것, 카드나 선물을 만드는 것과 같은 활동을 통해 고인을 추모할 수 있다.

예시문

- "졸업식에 특별히 초대하고 싶은 사람이 있니?"
- "오빠(고인)에게 네가 보여 주거나 만들어 줄 수 있는 게 있다면, 무엇을 해 보고 싶어?"

양가감정 해소하기

(1) 양가감정 해소 활동

청소년들은 특히 고인의 사망 이전에 반항적으로 행동했거나 갈등을 겪었을 수 있다. 이러한 갈등은 청소년에게 강한 비합리적 죄책감, 자존감 저하, 후회와 분노를 남길 수 있다. 상담자는 청소년이 고인과의 미해결 갈등을 다룰 수 있도록 고인의 사망 이전에 하고 싶었던 말을 표현할 기회를 제공해야 한다. 이를 통해 청소년이 겪는 감정과 어려움을 정상화할 수 있다.

또한, 고인과 대화하는 장면을 상상하거나 역할극을 통해 내면의 감정을 말로 풀어낼 수 있다. 하지만 미취학 아동의 경우, 부모가 살아 있다고 착각하지 않도록 주의하는 것이 필요하다(Worden, 1996). 예를 들어, 아동이 "언니가 언제 집에 올까요?"라고 묻거나 고인이 살아 있는 것처럼 말할 때, 상담자는 아동에게 고인의 죽음을 정확하게 설명하되, 강압적이지 않은 태도로 부드럽게 접근해야 한다. "언니는 하늘로 가서 OO이를 다시 만날 수는 없게 됐어."

라고 설명하면서, 아동이 느낄 수 있는 감정을 인정하고, 아동이 질문할 수 있는 여지를 남겨 두는 것이 중요하다. 또한, 고인과 상상 속에서 대화하거나 고인에게 편지를 쓰는 활동을 할 때는 "언니와 이야기하는 상상 속 장면"이라는 점을 분명히 하여, 아동이 그 상상을 현실과 혼동하지 않도록 도와야 한다.

예시문

- "OO(이)는 아빠와의 관계에서 무엇이 가장 후회되니? 만약 그때로 돌아간다면, OO(이)는 아빠에게 뭐라고 말하고 싶어?"
- "그때로 돌아간다면 어떻게 (행동)하고 싶니?"
- "OO(이)의 그때 행동을 후회할 수 있지만, 그 상황에서는 그렇게 할 수밖에 없었다는 걸 이해해. 갈등은 누구나 겪는 일이고, 이제 그 이야기를 아빠와 할 수 없게 돼서 매우 답답하고 아쉬울 것 같아. 살아 있는 사람이라면 용기를 내어 직접 후회와 미안한 마음을 표현할 수 있지만, 이제 더 이상 볼 수 없다는 것뿐이지, 그 마음은 전달할 수 있어. 만약 아빠가 지금 OO(이)를 보고 있다면, OO(이)는 뭐라고 말하고 싶어?"
- "아빠는 OO(이)에게 뭐라고 말해 줄 것 같니? 그리고 아빠가 OO(이)에게 해 주었으면 좋겠다고 생각하는 말은 무엇일까?"

(2) 낙인에 따른 반응을 줄이기 위한 타당화

자살로 가족을 상실한 아동·청소년은 흔히 낙인과 그에 따른 수치심을 경험한다. 낙인은 주로 청소년의 친구 관계에서 나타난다. 더욱이, 청소년들은 자살 유가족이라고 낙인찍히는 것이 두려워서 대인관계를 회피하거나(Andriessen et al., 2020), 자신의 애도가 이해받지 못한다고 느껴 감정을 숨기려 한다. 따라서, 상담자가 청소년이 느끼는 수치심과 관련된 생각과 감정을 이해하고 타당화해 주는 것이 중요하다. 또한, 고인이 자살이 아닌 다른 원인으로 사망했다면 감정과 생각이 어떻게 달라질지 내담자에게 물어볼 수도 있다. 이와 더불어, 고인이 스스로 생을 마감한 이유는 아동·청소년 내담자에 대한 사랑과는 무관하다는 점을 설명할 수 있다.

예시문

- "OO(이)의 엄마가 자살이 아닌, 오랫동안 병을 앓다가 돌아가셨다면 OO(이)는 어떻게 느꼈을까?"
- "자살의 이유는 사람마다 다르고, 그렇기에 그 이유를 정확히 알 수는 없어. 많은 경우, 자살은 마음의 병, 그러니까 정신적인 고통을 겪고 있는 사람들이 더는 버티기 어려울 때 일어나는 일이라고 알려져 있어. OO(이)의 어머니도 혼자서 해결하기 어려운 마음의 병을 앓고 계셨을 거야."
- "엄마가 돌아가신 이유는 오직 엄마만 알고 있고, 아무도 알 수 없어. 하지만 중요한 건 엄마가 돌아가신 이유는 OO(이)를 사랑하는 마음과는 전혀 관계가 없다는 거야."

긍정 기억 간직하기

아동은 고인과의 긍정적인 기억을 간직하며 애도 과정을 건강하게 경험할 수 있다. 예를 들어, 고인과의 추억을 담은 책을 만들거나, 비디오 영상을 만들 수 있다. 아동은 이러한 활동을 통해, 자신이 고인에게 얼마나 중요한 존재였는지 깨달을 수 있으며, 고인이 단순히 잊혀야 할 대상이 아니라는 안도감을 느낄 수 있다(Goldman, 2006). 특히 미취학 아동의 경우, 고인에 대한 기억이 희미하거나 발달 단계상 대처 능력이 충분하지 않을 수 있다. 이 경우 생존 부모, 형제자매와 함께 고인과의 긍정적인 기억을 공유하는 것이 큰 도움이 된다. 예를 들어, 고인이 어린 자녀를 얼마나 사랑했는지, 어떤 따뜻한 상호작용을 나누었는지 구체적으로 설명해 줄 수 있다. 이러한 과정은 미취학 아동이 고인의 부재 속에서도 긍정적인 정서적 연결을 지속할 수 있도록 돕는다.

고인과의 관계 다시 세우기

아동이 자살과 같은 외상적 죽음으로 가족을 상실한 경우, 고인과의 정신적 교류를 오랫동안 지속하는 경향을 보일 수 있다. 이러한 행동은 정상적인 애도 반응으로 간주되며, 시간이 지나면서 고인과의 관계는 현재 진행형에서 기억의 관계로 점차 전환된다(Wolfelt, 1991). 그러나 일부 아동은 고인이 없는 세상에 적응하는 과정에서 자신이 고인을 배신한 것처럼 느끼며 죄책감을 경험하기도 한다. 이러한 감정은 자연스러운 반응이지만, 일상으로의 회복과 적응을 위해 현재의 관계에 집중하는 것이 중요하다.

아동기 애도 과정은 발달 단계와 시간에 따라 비교적 일반적인 경로를 따를 수 있지만, 특정 상황에서는 외상적 수준의 어려움을 다시 경험할 수도 있다. 예를 들어, 어린 시절 아버지를 잃은 사람이 성인이 되어 결혼식을 준비하며 아버지의 부재를 실감할 때, 강렬하고 부적응적인 애도가 재발할 수 있다. 따라서 상담자는 아동·청소년의 애도 반응이 건전할 수도 있지만, 퇴행하거나(예: 음식 투정을 함), 철수하거나(예: 지나치게 온라인 활동에 몰두함), 저항하는(예: 남은 부모의 훈육 시도를 거부함) 부적응적 양상도 나타날 수 있다는 점을 이해해야 한다. 치료의 핵심은 내담자가 현재의 삶과 관계에 발을 딛고 점진적으로 일상에 적응할 수 있도록 돕는 것이다. 이를 위해 상담자는 내담자가 주변의 실재하는 관계에 더 전념하며 적응적 애도를 이어 갈 수 있는 방법을 함께 모색해야 한다. 이에 관한 활동은 부록 22, 23을 활용하여 진행할 수 있다.

부모의 정서 조절

부모 역시 가족구성원의 상실로 인해 불안정한 정서 상태를 경험할 수 있다. 또한. 자녀의 애도 반응을 지켜보며 아이가 잘못된 방향으로 가고 있는 것은 아닌지 불안감을 느낄 수도 있다. 이러한 상황에서는 부모가 자녀의 애도 과정을 적절히 돕기가 어렵기 때문에, 상담자가 부모의 정서적 안정이 중요한 부분임을 강조하며 이에 대한 지원이 필요함을 안내해야 한다.

상담자는 부모가 경험하는 다양한 정서를 표현하도록 격려하고 이를 타당화해 주어야 한다. 또한, 정서적 안정을 돕기 위해 호흡에 집중하거나 신체 부위(예: 발바닥)에 주의를 기울이는 마음챙김이나 명상 기법을 소개할 수 있다. 이러한 기법은 상담 과정뿐만 아니라 부모가 일상생활에서도 활용할 수 있도록 안내해야 한다. 추가적으로, 부모가 평소 자신을 진정시키기 위해 사용했던 방법들을 목록으로 작성해 보도록 독려할 수 있다. 예를 들어, 운동, 산책, 친구와의 만남, 샤워나 목욕, 따뜻한 차 마시기, 음악 듣기 등이 포함될 수 있다. 이와 같은 활동들은 부모가 자신만의 애도 방식을 이해하고 치유의 기회를 가질 수 있도록 돕는다. 이를 통해 부모는 자신의 정서를 안정시키며, 자녀의 애도 과정을 보다 효과적으로 지원할 수 있게 된다.

아동 치료 개입 시 상담자의 태도

애도 중인 아동을 지원할 때, 상담자의 태도는 아동의 정서적 안정과 건강한 애도 과정을 촉진하는 데 중요한 역할을 한다. 상담자는 아동의 반응을 존중하고, 아동이 자신의 감정을 자유롭게 표현할 수 있도록 돕는 한편, 아동이 상실을 받아들이고 이해할 수 있도록 지지해야 한다. 다음은 아동의 애도 과정을 돕기 위해 상담자가 갖춰야 할 중요한 태도이다.

- 상실로 인한 고통은 자연스러운 반응이므로 아이가 나이에 맞는 방식으로 애도할 수 있도록 지원해야 하며, 아동의 인지적·정서적 반응에 성인의 편견(예: 공부만 신경 쓰면 된다는 기대)을 부과하지 않도록 주의해야 한다.
- 아동의 질문과 궁금증을 허용하고, 아이가 던지는 질문에 주의 깊게 귀 기울이며 성실하게 답변하는 것이 중요하다.

- 어린 아동에게 놀이에 몰두할 기회를 제공해야 한다. 놀이는 어린아이들이 자연스럽게 감정을 표현하는 방식이다. 특히 그림 그리기와 이야기 만들기는 아동에게 즐겁고 안전한 감정 발산의 도구가 될 수 있다.
- 아동은 뛰어난 관찰자이다. 어른들이 슬픔을 숨기려 해도 민감하게 알아차리며, 주변 어른들이 상실에 어떻게 반응하는지 주의 깊게 관찰한다. 따라서 슬픔, 눈물, 초조함과 같은 감정을 억누르거나 아무 일도 일어나지 않은 척하기보다는, 이러한 감정에 대해 아이에게 적절히 설명하는 것이 필요하다.
- 상담자나 어른이 자살, 죽음, 상실과 같은 주제에 대해 개방적이고 솔직한 태도를 보이면 아동은 안심하게 되고 자신의 애도 반응을 더 자연스럽게 받아들일 수 있을 뿐 아니라, 타인의 감정도 수용할 수 있게 된다.

4 유치원·학교 관련 문제: 대처, 개입, 교육

부모를 위한 심리교육은 유치원과 학교, 그리고 교사들에게도 비슷하게 적용된다. 다만, 교사로서 혹은 교육 기관으로서 아동·청소년의 자살 후 외상 및 애도가 치료적인 방향과 방식으로 이루어질 수 있도록 몇 가지 중요한 사항을 유념해야 한다.

이완 기술 익히기

교사가 먼저 건강하고 일반적인 호흡법(예: 복식호흡, 4-7-8 호흡)을 익혀야 하고, 자살을 경험한 학생에게 필요하다고 판단할 때마다 함께 호흡할 수 있도록 안내해야 한다. 호흡을 바르게 할수록 외상과 외상적 애도로부터 조금씩 거리를 둘 수 있다. 교사가 먼저 시범을 보이고 학생이 따라 하며 천천히 숨을

들이쉬고 내쉬는 연습을 할 수도 있고, 학생의 배에 작은 봉제 인형을 올려놓고 호흡에 집중할 수 있게 도울 수도 있다.

부적응적 행동 이면의 상실감과 목적 이해

십대 청소년들은 일상적인 문제나 어려움을 부모나 형제자매보다 또래 친구들과 이야기하고 모방할 만한 해결책을 찾는 경향이 있다. 따라서 자살로 인한 애도 시기에 감당하기 매우 힘든 애도 감정이 들 때, 비슷한 감정으로 힘들어하는 가족에게 의지하는 것이 큰 부담을 더하는 것 같다고 해석해서 전혀 이야기하지 않을 수 있다. 또한, 가족들이 자신의 감정을 도저히 이해하지 못할 것 같다는 생각에 가족에게 의지하는 대신 또래들과 어울리며 힘든 감정을 해소하려 할 수 있다. 따라서 자살과 같은 비극적인 상실을 겪은 청소년끼리 무리를 지어 다니기도 한다.

교사나 학교에서는 이런 행동이 청소년의 발달 단계상 비정상적인 것이 아님을 이해해야 한다. 부적응적인 행동 자체에 초점을 맞춰 부정적인 시선이나 처벌을 선택하는 것이 아니라, 감당하기 어려운 상실감이 적응적인 행동보다 부적응적인 행동으로 이어졌을 가능성을 헤아려야 한다. 다음은 상담자가 애도하는 청소년의 부적응적인 행동을 마냥 부적응적인 것으로 바라볼 것인지, 부적응적인 행동을 무조건 문제로 치부하지 않고 청소년의 애도 세계를 이해하려고 할 것인지에 관한 예시이다.

- '어머니가 스스로 목숨을 끊고 모든 가족원이 힘들어하는데 쟤는 저렇게 철없이 나쁘게 행동하다니, 한탄할 일이다!' (X)
- '오죽 힘드니 저러겠어. 저러다 말겠지. 내가 뭐라고 말하기도 그러니 내버려 둬야겠다.' (X)

- '청소년 시기에 소중한 가족원을 이제 못 본다는 건 정말 견디기 힘든 일이다. 건강한 애도 방식을 모르니 어떻게라도 애도 감정을 해소하기 위해 저렇게 담배도 피우고 거칠게 욕을 하면서 또래들과 어울려 다니는구나. 안타깝고 걱정된다. 어떤 마음인지, 지금 보이는 행동은 살아가기 위한 저 학생의 최선이지만 좀 더 괜찮은 방식으로 학생이 건강하게 애도할 수 있는 건강한 방법을 이야기해 봐야겠다.' (O)

이와 더불어, 이러한 예시가 적합한지, 혹은 또 다른 적절한 반응들이 있을지에 대해 상담 전문가에게 의뢰하여 상의하는 것이 좋다.

위로의 언어

위의 내용처럼 청소년에게 또래들의 존재는 매우 중요한 요인이다. 따라서 비극적이고 충격적인 사건을 당한 청소년에게 친구들의 지지와 위로는 매우 큰 영향을 끼칠 것이다. 그렇지만 정작 청소년들은 그렇게 어려운 상황에서 어떻게 말하고 행동해야 하는지, 자살을 경험한 친구에게 어떻게 위로해 주고 '함께 있어 주어야' 하는지 잘 알지 못한다. 죽음이라는 주제를 자주 다루어 보고 이야기해 보지 않았다면 상실감에 빠진 친구를 어떻게 위로하고 지지해 주어야 하는지 더더욱 모를 수 있다.

위로되는 말과 그렇지 않은 말의 예시는 1장에 제시되어 있다. 위로의 언어는 교사가 먼저 익혀 자연스럽게 할 수 있어야 하고, 위로가 되는 말의 내용을 학생들에게 교육하면 학생들이 자살 사별을 경험한 친구에게 더욱 정중하고 조심스럽게 적절한 말을 하고 친구의 애도를 도울 수 있을 것이다. 어떤 말과 행동을 해야 할지 아는 것만으로도 사별을 당한 친구가 원치 않는 방식으로 고립되지 않도록 도울 수 있기 때문에, 이는 위로해 주는 친구에게도 큰 위안을 줄 수 있다.

건강한 애도 돕기: '우리만의 신호'

자살 상실감이 큰 아동·청소년은 있었던 일을 이야기해도 될지, 이야기하지 말아야 할지, 친구들과 어울리고 싶은데 어울려도 될지, 어울리지 말아야 할지, 고인을 위해 계속 상실감에 빠져 있어야 할지, 현재 옆에 있는 사람들과 긍정적인 감정을 교류해도 될지, 공부에 집중해야 할지, 고인과 가족에게 집중해야 할지, 친구들이 다가올 때 반갑게 맞아야 할지, 힘없이 고개를 숙이고 있어야 할지, 정말 모르는 것과 혼란한 것 투성이다. 이때 아동·청소년의 건강한 애도를 돕기 위해 교사가 할 수 있는 것이 있다. 내담자의 연령에 맞게, 그 학생과의 '신호'를 만드는 것이다. 예를 들어, 사별을 당하고 학교에 돌아온 학생이 그날 신체적·정신적으로 어떤 상태인지 선생님이 알아차리고 존중할 수 있는 신호를 함께 정하는 것이다. 학생이 힘들다는 신호로 책상 위에 선생님이 준 책을 올려놓는다든지, 초록색 포스트잇을 책상 끝부분에 붙여 놓을 수 있다. 그러면 교사는 그 신호를 보고 학생에게 면담을 요청하거나, 상담실로 안내하는 식으로 반응할 수 있다. 단, 이 반응 또한 학생과 상의된 방식이어야 한다.

또 다른 방법으로, 자살 사별을 경험한 학생이 교실에서 자신의 상태를 말로 표현하지 않아도 또래들이 이해할 수 있도록 신호 체계를 마련할 수 있다. 그 학생이 친구들과 어울리고 싶을 때는 어떤 신호(예: 노란색 포스트잇을 붙여 두는 것)를 주고, 혼자 있고 싶을 때는 또 다른 신호(예: 빨간색 색종이)를 줄 것임을 다른 학생들이 알 수 있도록 하는 것이다. 단, 그 학생이 없을 때 반의 나머지 학생들에게 이에 대해 미리 교육하는 과정이 필요하다. 이러한 방식은 자살 사별을 경험한 학생이 '이야기해도 괜찮다', '이런 상황에서도 웃어도 된다', '친구들이 나를 이전과 다른 존재로 여기지 않는다'와 같이 보다 현실적이고 건전한 인지를 갖도록 돕는다. 또한, 지지와 위로 속에서 안심하고 애도 과제를 잘 수행하는 데 매우 긍정적인 영향을 줄 수 있다.

건강한 애도 돕기: 질문에 대한 답변

가족원의 자살을 경험한 학생은 이전과 같은 모습이나 태도로 학교생활을 이어 가기 어려울 수 있다. 이로 인해 친구들 또한 심각한 일이 발생했음을 직감하고 혼란스러움을 느낄 수 있다. 어린 아동부터 학교에 다니는 청소년까지 대부분의 아이들은 자살을 막연히 이야기하기 두려운 주제로 여기는 동시에 이에 대한 큰 궁금증과 의문을 품는다. 자살, 그리고 자살 이후에 관한 아이들의 질문은 교사를 당황하게 할 수 있다. 따라서 교사는 이에 대비해 학생들이 던질 수 있는 다양한 질문에 대한 답변을 준비해 둘 필요가 있다. 아는 것에 대해서는 가능한 한 정직하게 답변하되, 일어난 일에 대해 아이들 사이에서 편견이나 오해가 생기지 않도록 중립적인 자세를 유지해야 한다. 또한, 아이들의 발달 수준이나 인지적 능력에 비추어 이해하기 어려운 내용은 굳이 설명하지 않는 것이 바람직하다. 다음은 학생들이 할 수 있는 질문에 대한 교사의 적절한 답변이다.

대화문 제시 형식

[질문] A(자살 사별 학생)의 아버지(고인)는 왜 그런 선택(자살)을 한 거예요? 그건 나쁜 거잖아요.

[답변] A가 "왜 그런 선택을 하셨을까요?"라고 물었는데, 선생님도 사실 그 이유를 정확히는 알 수 없어. 어떤 마음이셨는지, 얼마나 힘드셨는지, 다른 방법을 찾기는 어려우셨는지 지금 우리가 다 알 수 없지. 그래서 그 이유를 두고 좋다, 나쁘다 단정지어 말할 수는 없을 것 같아. 우리가 할 수 있는 건 이유를 단정하기보다, 지금 A가 겪고 있는 힘든 마음을 어떻게 잘 돌보고, 주변에서 어떻게 A를 도와줄 수 있을지 함께 생각하는 거란다. A는 지금 어떤 위로나 도움이 필요하다고 느끼니?

[질문] 친구들끼리 그 사건(혹은 일어났던 일)에 대해 이야기해도 돼요? 왠지 이야기하는 것이 찝찝하기도 하지만, 친구들은 어떤 생각을 하는지 듣고 싶기도 해요.

[답변]

• 친구들과 이런 이야기를 하는 게 조금 걱정되니? 특히 어떤 점이 마음에 걸리는 것 같니?
• 어떤 이야기를 하고 싶니?
• 힘든 일이 있을 때 자신이 겪은 일, 느낌, 생각을 믿고 이야기할 수 있는 친구가 있다는 건 큰 위로와 힘이 되는 일이야. 다만, 그런 이야기를 나눌 때에는 그 내용을 이야기한 친구끼리만 공유하는 게 중요하단다. 의도하지는 않았지만 친구끼리의 이야기가 소문으로 퍼지게 되면, 누군가에게 또 다른 상처를 줄 수 있는 상황이 생길 수도 있으니까 말이야.

[질문] 그 이야기를 듣고 며칠 동안 계속 잠을 못 잤어요. 너무 힘들어요. 어떻게 해야 하나요?

[답변]

• 잠을 못 자서 많이 피곤하고 힘들겠구나. 잠자리에 들 때 가장 많이 떠오르는 생각이 무엇인지 이야기해 줄 수 있겠니?
• 친구의 일이지만 그 이야기를 계속 떠올리다 보면 몸이나 마음이 모두 힘들다고 느낄 수 있어. 이건 전혀 이상한 게 아니라, 힘든 이야기를 들으면 마치 그 친구가 겪은 일을 마치 내가 겪는 것처럼 느껴질 수 있거든. 자연스러운 거야. 그래도 잠을 잘 자고 학교에 오면 몸과 마음이 좀 더 편해질 수 있을 거 같은데, 맞니?
• 잠들기 전에 도움이 될 만한 몇 가지 방법을 알려 줄게. (깊고 천천히 숨 쉬기를 연습하기, 따뜻한 물 한 잔 마시기, 떠오르는 생각 메모하기, 반려동물을 쓰다듬어 주는 것, 내일 해야 할 일이나 루틴을 간단히 계획해 보기) 이런 방법 중

에서 너에게 가장 도움이 될 것 같은 건 어떤 거야? 한번 시도해 보고, 다음에 선생님과 이야기 나눌 때 어떤 기분이 들었는지 알려 주면 좋겠다.

전문가 의뢰

자살 사건이 일어나면 아동·청소년에게 PTSD 증세가 나타나는 경우가 많다. 내담 학생이 가족원의 자살을 경험했다는 사실은 그 학생뿐만 아니라 그의 또래 친구들이나 교사들에게도 어떤 식으로든 영향을 미칠 수 있다. 누구든 자살 사건과 그로 인한 큰 상실감을 경험하게 되면, 수면장애나 학업의 어려움, 과잉 의존, 알림 요인에 의한 신체 반응 등을 겪을 수 있다. 또한, 죽음에 대해 표현하는 불안과 표현하지 않는 불안으로 인해 퇴행이나 철수 행동, 또는 과도하게 성숙한 행동을 보이기도 한다. 그렇지만 교사와 학교 측에서 이러한 정신적·정서적 어려움을 모두 다루기는 어렵다. 교사나 학교 관계자는 이러한 행동을 발견했을 때, 민감하게 살펴 학생이 치료적 도움을 받을 수 있도록 안내할 필요가 있다. 위클래스가 설치되어 있는 학교의 경우, 상담교사로부터 교사 자신에게 도움이 되는 자문을 받을 수도 있고, 위클래스에 학생의 상담을 의뢰할 수도 있다. 더불어, 전문적으로 사별, 상실, 애도를 주제로 애도 상담을 제공하는 애도 상담 전문가와 연계하는 것이 필요할 수 있다. 따라서, 교육청이나 상담 관련 학회 등을 통해 지역사회 애도 상담 전문가들의 연락망을 확보해 두는 것이 중요하다.

부록

활동지

애도 면담 평가 및 개입 연습

❖ 이 활동지는 내담자의 애도 과정을 평가하고, 그에 맞는 개입 계획을 세우는 데 도움을 주기 위한 자료입니다. 먼저, 내담자의 애도 상황을 파악하기 위한 평가 계획을 세운 후, 내담자와의 면담에서 사용할 개입 질문을 구체적으로 작성해 보세요. 이를 통해 내담자의 감정과 경험을 깊이 이해하고, 효과적인 개입 방안을 마련할 수 있습니다.

1) 내담자의 애도를 평가하기 위한 계획을 세워 봅시다.

2) 나의 내담자에게 탐색이 필요한 개입 질문을 적어 봅시다.

애도 평가를 위한 일반적인 기능 상태 확인 질문

1. 기본적 신상 정보

- 성명, 주소, 생년월일, 성별, 학교/직업, 결혼 상태, 종교/영성, 이전 상실 경험

2. 인지적·정서적·신체적 기능

- 정상적인 지능을 가진 것 같나요?
- 사람, 장소, 시간에 대한 지남력을 가지고 있나요?
- 논리적인 문제 해결 능력이 있다는 증거가 있나요?
- 망상 사고의 근거가 있나요? 있다면 망상이 기이한가요?
- 남들에게는 들리지 않거나 보이지 않는 것을 듣거나 보았다고 보고하나요?
- 과거에 심리적 또는 정신건강 치료를 받은 적이 있나요? 있다면 구체적인 사항은 무엇인가요?
- 에너지 수준이나 활동 수준이 평소와 다른가요?
- 지난 1년간 의사에게 진료받은 적이 있나요? 결과는 무엇이었나요?
- 최근 질병으로 약을 처방받은 적이 있나요?

3. 물질 사용

- 알코올을 섭취하나요? 그렇다면 어떤 종류이고 빈도는 어떤가요?
- 약물 사용을 중단하거나 줄이라고 권유받은 적이 있나요?
- 약물 또는 알코올 문제로 치료받은 적이 있나요?
- 알코올 사용 또는 다른 물질 사용으로 인한 사회적, 직업적, 법적 문제를 겪은 적이 있나요?

4. 관계적 기능

1) 가족

- 다른 가족구성원과 함께 거주하나요?
- 다른 가족구성원과의 관계는 어떤가요?
- 현재 호소하는 문제가 다른 가족구성원과 관련이 있나요?
- 과거에 가족 문제가 있었나요? 현재 상황과 유사한 문제를 겪은 가족원이 있나요?
- 필요하다면 가족구성원이 치료에 참여할 의향이 있나요?

2) 중요한 타인

- 관계를 맺고 있는 중요한 타인이 있나요? 있다면 그 관계는 얼마나 되었고, 관계의 질은 어떤가요?
- 호소하는 문제가 중요한 타인과 관련이 있나요?
- 필요하다면 중요한 타인이 치료에 참여할 의향이 있나요?

3) 사회적 지지 체계

- 가까운 친구나 지인이 있나요? 그들과의 관계는 어떤가요? 지지적이라고 느끼나요?
- 현재 문제와 관련하여 사회적 지지를 제공하는 사람이 있나요?

4) 영성

- 영적인 신념 체계가 있나요? 있다면 그 신념 체계가 삶에 어떻게 영향을 미치나요?
- 스스로 내적인 평화를 찾으려고 노력하나요?
- 자연의 조화로움이나 아름다움을 발견하려는 노력을 하나요?
- 신적 존재 혹은 초월적인 존재를 통해 위로를 받거나 기도를 하나요?

5. 직업/학교 기능

1) 직장

- 취업 상태인가요? 자신의 능력이나 자격보다 낮춰 일하고 있나요? 무직 상태인가요?
- 취업했다면 어디에 취업했나요?
- 직업은 무엇인가요?
- 현재 문제가 직업에 영향을 미치나요?

2) 학교

- 학생인가요?
- 어떤 분야를 공부하나요?
- 현재 문제가 학업에 영향을 미치나요?

6. 내담자의 강점과 자원

- 내담자의 개인적, 환경적 강점은 무엇인가요? 현재 문제 해결을 위해 이러한 강점을 어떻게 사용할 수 있나요?
- 삶의 질을 높이거나 낮추는 애도 증상이 있나요? 어떤 것인가요?
- 삶의 질을 높이거나 낮추는 대처 기술을 사용하고 있나요?
- 대처를 증진시키기 위해 어떤 자원을 활용할 수 있나요?
- 내담자 개입을 위해 어떤 기관 자원을 이용할 수 있나요?

Hogan 한국판 애도 반응 척도

번호	문항	전혀 그렇지 않다	그렇지 않다	보통이다	조금 그렇다	매우 그렇다
1	나는 내가 누구인지 혼란스럽다.	1	2	3	4	5
2	나는 자신감을 잃었다	1	2	3	4	5
3	나는 과거 일들을 기억하기가 어렵다.	1	2	3	4	5
4	나는 잘 대처하지 못할 것 같다.	1	2	3	4	5
5	나는 정신을 집중하기가 어렵다.	1	2	3	4	5
6	나는 연약함을 피하게 된다.	1	2	3	4	5
7	나는 새로운 것을 배우기가 어렵다.	1	2	3	4	5
8	나는 나 자신을 잘 모르는 것 같은 느낌이다.	1	2	3	4	5
9	나는 추상적 사고를 하기 어렵다.	1	2	3	4	5
10	나는 희망이 없는 느낌이다.	1	2	3	4	5
11	나는 새로운 정보를 기억하는 것이 어렵다.	1	2	3	4	5
12	나는 자신을 통제할 수 없게 될까 봐 두렵다.	1	2	3	4	5
13	나는 다른 사람들과 동떨어진 느낌이다.	1	2	3	4	5
14	나는 쉽게 놀란다.	1	2	3	4	5
15	내가 해야 하는 일을 할 수 없는 것처럼 느껴진다.	1	2	3	4	5
16	나는 외로움으로 고통스럽다.	1	2	3	4	5
17	내가 가진 희망이 산산이 부서져 버렸다.	1	2	3	4	5

번호	문항	전혀 그렇지 않다	그렇지 않다	보통이다	조금 그렇다	매우 그렇다
18	나는 내 슬픔을 거의 통제할 수 없다.	1	2	3	4	5
19	나는 자주 마음이 쓰라리다.	1	2	3	4	5
20	나는 내가 충격에 빠져 있는 것 같다.	1	2	3	4	5
21	내 심장은 가끔 아무 이유 없이 평소보다 빨리 뛴다.	1	2	3	4	5
22	나는 원통하다.	1	2	3	4	5
23	나는 내가 죽고, 그 사람이 대신 살았어야 했다고 믿는다.	1	2	3	4	5
24	나는 이전보다 다른 사람을 더 잘 용서하게 되었다.	1	2	3	4	5
25	나는 나 자신에게 이전보다 더 관대해졌다.	1	2	3	4	5
26	나는 다른 사람들에게 이전보다 더 관대해졌다.	1	2	3	4	5
27	나는 다른 사람들에게 이전보다 더 깊이 마음을 쓴다.	1	2	3	4	5
28	나는 삶에 대해 이전보다 더 밝은 전망이 있다.	1	2	3	4	5
29	나는 미래에 대한 희망이 있다.	1	2	3	4	5
30	나에게는 나쁜 날보다 좋은 날이 더 많다.	1	2	3	4	5

출처: 박지은·강영신·이혜지, 2019

한국어판 복합비애 척도

번호	문항	전혀 그렇지 않다	그렇지 않다	보통이다	종종 그렇다	늘 그렇다
1	고인에 대한 생각이 너무 많아 일상생활에 지장을 받는다.	1	2	3	4	5
2	고인에 대한 기억으로 감정이 혼란스럽다.	1	2	3	4	5
3	고인의 죽음을 받아들일 수 없다고 느낀다.	1	2	3	4	5
4	고인을 그리워하는 마음을 느낀다.	1	2	3	4	5
5	고인과 관련된 장소와 물건에 나도 모르게 끌린다.	1	2	3	4	5
6	고인의 죽음을 생각하면 분노가 느껴진다.	1	2	3	4	5
7	고인이 죽었다는 사실이 믿기지 않는다.	1	2	3	4	5
8	고인의 죽음에 대해 망연자실한 기분을 느낀다.	1	2	3	4	5
9	고인의 죽음 이후 사람들을 신뢰하기 어렵다고 생각한다.	1	2	3	4	5
10	고인의 죽음 이후 다른 사람을 신경 쓸 여력이 없어졌거나 내가 아끼는 사람들과 거리감을 느낀다.	1	2	3	4	5
11	고인처럼, 같은 신체 부위에 통증을 느끼거나 증상의 일부를 경험한다.	1	2	3	4	5
12	고인을 생각나게 하는 것을 피하기 위해 평소와 다르게 행동한다.	1	2	3	4	5
13	고인이 없는 삶은 공허하다고 느낀다.	1	2	3	4	5
14	고인이 나에게 이야기하는 목소리가 들린다.	1	2	3	4	5

번호	문항	전혀 그렇지 않다	그렇지 않다	보통이다	종종 그렇다	늘 그렇다
15	고인이 내 앞에 서 있는 모습이 보인다.	1	2	3	4	5
16	고인은 죽었지만 나는 살아야 한다는 것이 부당하게 느껴진다.	1	2	3	4	5
17	고인의 죽음을 생각하면 비통하다.	1	2	3	4	5
18	가까운 사람을 잃어 본 적 없는 다른 사람들이 부럽다.	1	2	3	4	5
19	고인의 죽음 이후 많은 시간 동안 외로움을 느낀다.	1	2	3	4	5

출처: 김혜진·송인한, 2020

한국판 지속비애 척도

번호	문항	전혀 해당 없음	한 달에 한 번 이상	일주일에 한 번 이상	하루에 한 번 이상	하루에 여러 번
1	지난 한 달간, 당신은 얼마나 자주 고인에 대한 그리움이나 갈망을 느꼈습니까?	1	2	3	4	5
2	지난 한 달간, 당신은 얼마나 자주 고인과의 관계와 관련된 강렬한 정서적 고통, 극심한 비통함을 느꼈습니까?	1	2	3	4	5
3	위의 1번과 2번 질문과 관련하여, 당신은 사별 이후 6개월이 지난 후에도 이러한 증상들 중 하나 이상을 하루에 한 번 이상 경험한 적이 있습니까?	예 □ 아니오 □				
4	지난 한 달간, 당신은 얼마나 자주 고인과 사별하였다는 사실을 상기시키는 것들을 피하려고 노력했습니까?	1	2	3	4	5
5	지난 한 달간, 당신은 얼마나 자주 사별로 인해 먹먹하고, 충격을 받고, 멍한 느낌을 받았습니까?	1	2	3	4	5
		전혀 그렇지 않다	약간 그렇다	다소 그렇다	꽤 그렇다	매우 그렇다
6	당신은 인생을 어떻게 살아야 할지 혹은 나 자신이 누구인지 모르겠다고 느낍니까? (예: 자신의 일부가 죽어 버린 것 같은 느낌)	1	2	3	4	5
7	당신은 사별을 받아들이는 데 어려움이 있었습니까?	1	2	3	4	5
8	당신은 사별 이후 다른 사람들을 신뢰하는 것이 어려웠습니까?	1	2	3	4	5
9	당신은 사별에 대해 원통한 감정을 느낍니까?	1	2	3	4	5

번호	문항	전혀 그렇지 않다	약간 그렇다	다소 그렇다	꽤 그렇다	매우 그렇다
10	당신은 현재 새로운 일을 시작하기(새로운 친구 만들기, 새로운 관심사를 찾기 등)가 어려울 것이라고 느낍니까?	1	2	3	4	5
11	당신은 사별 이후 감정이 무뎌졌다고 느낍니까?	1	2	3	4	5
12	당신은 사별 이후 삶이 보람 없고, 공허하고, 의미가 없다고 느낍니까?	1	2	3	4	5
13	고인의 죽음 이후 당신은 사회적, 직업적 혹은 다른 중요한 활동과 관련하여 (예: 집안일) 현저한 기능의 저하를 경험한 적이 있습니까?	예 □		아니오 □		

출처: 강현숙·이동훈, 2017

부록 6

사례개념화 점검하기

1. 내담자의 주호소문제

2. 촉발요인

3. 유발요인

4. 유지요인

5. 부적응적 패턴

6. 내담자의 강점 및 자원

7. 예상되는 상담의 장애물

부록 7

애도 심리교육: 사람들의 일반적 경험

❖ 상실(사별, 자살, 이별, 신체기능 상실 등)을 경험한 사람들은 보통 어떤 경험을 할까?

- "사람들은 보통 소중한 사람이 사망하면 하염없이 울고 집 밖으로 나가려고 하지 않아요."
- "사람들은 소중한 사람과 영영 이별하고 나면 그 사람을 잊기 위해 돈을 흥청망청 쓰거나 폭식을 하기도 해요."
- "사람들은 가족원과 사별하고 나면 고인이 평소 좋아하던 물건을 몸에 지니고 다니는 것 같기도 해요."
-
-
-
-
-
-

애도 심리교육: 나의 이야기 노출

❖ 자살로 인한 사별이 있고 난 뒤 나는 어떤 경험을 했을까?

1) 신체 감각

2) 생각

3) 감정

4) 행동

5) 대인관계

애도 상담 중기: 풍선 활동

❖ 고인이 그리울 때마다 어떤 생각, 마음(느낌)이 들까? 선택한 색깔의 풍선에 생각과 마음을 간단히 써 넣고, 공기를 불어넣어 보자.

1) 생각

"지금 이렇게 맛있는 음식을 함께 먹고 싶다."

"오늘은 비가 오네. 같이 웅덩이에서 첨벙첨벙하던 게 생각난다."

---

2) 마음

"눈물이 나려고 해. 엄마가 그립고 슬프다."

"행복했던 기억이 있으니 지금도 행복해. 그러면서도 형이 보고 싶다."

---

3) 고인을 그리워하는 생각과 마음을 고인에게 하고 싶은 말로 옮겨보자.

- 하고 싶은 말을 써 두고 간직하며 가지고 다닐 수 있는 색종이나, 모양 종이, 책갈피 등으로 만들 수 있음을 설명한다.

"이렇게 맛있는 음식을 먹으니까 엄마와 가끔 기쁜 일을 축하하려고 함께 했던 게 생각나. 지금 먹는 음식도 함께 먹을 수 있다면 얼마나 좋을까? 엄마, 나 지금 눈물이 나려고 해. 마음이 슬퍼. 그리고 엄마가 정말 그리워."

애도 일기

❖ 나만의 애도 일기에 어떤 이름을 부여할까?

- 엄마를 위한 애도 일기
- 나의 눈물과 미소 이야기
-
-
-
-
-
-
-
-

애도하기: 그리운 것

❖ 고인에 대해 내가 그리워하는 것은?

- 아빠가 차로 학교에 데려다 주고 데리러 와 줄 때마다 차에서 함께 듣던 노래
- 아빠와 엄마 몰래 비밀 이야기를 하던 것
- ____
- ____
- ____
- ____
- ____
- ____
- ____
- ____

애도하기: 사라진 미래가 있다면…

1. 앞으로 내 삶에 없을 것이라 여겼던 것은?

- 고등학교, 대학교 졸업식
-
-
-
-
-
-
-
-

2. 특별하게 만들 수 있는 나만의 방법은?

- 형이 나를 자랑스러워하며 박수치는 모습을 상상하고 졸업식에 참여
-
-
-
-
-
-
-
-

애도하기: 양가감정 다루기

1. 고인, 고인과의 관계에서 느끼는 양가감정 또는 다양한 감정은?

- 알코올 중독 동생이 이제 없어서 돌봄의 부담이 줄었지만, 나에게 용서의 기회도 주지 않고 가 버려 억울하고 한탄스러움
-
-
-

2. 아직 고인과, 또는 고인과의 관계에 대해 해결되지 않은 것은 무엇일까?

- 열심히 돌보아 주고 최선을 다한 나와 가족을 두고 어떻게 그렇게 떠나버릴 수 있지?
-
-
-

상상 속 대화

❖ 고인에게 꼭 하고 싶었던 말, 해야 했다고 느끼는 말, 지금 하고 싶은 말 등을 모아 편지를 써 보자.

__________ 에게

부록 15

상상 속 답편지

❖ 고인이 편지를 보낸다고 상상하고 해 주었으면 하는 말을 써 보자.

__________ 에게 (내담자 이름)

나만의 장례식

❖ '진심을 담은 나만의 장례식'을 직접 준비하고 의식을 해 보자.

1) 준비물

2) '나만의 장례식' 순서

3) 원하는 공간 분위기 및 꾸미고 싶은 방식

4) 준비 및 진행 소감

현재 관계 전념: 지금 내 곁에는

❖ 이제는 없는 사람(관계)과 현재 지속 및 간직하고 싶은 사람(관계)을 각각 써 보자.

1) '이제는 없는 사람(관계)' 써 보기

- 언니(고인)
- 언니가 나에게 화장품이나 예쁜 옷을 더 이상 물려줄 수 없음
- 고민이 있을 때 털어놓을 가장 가까운 사람이 없음
- __________
- __________
- __________
- __________

2) '현재 지속 및 간직하고 싶은 사람(관계)' 써 보기

- (고인을 제외한) 가족원: 먹을 것과 입을 것을 챙겨 줄 수 있음
- 학교 친구들과 선생님: 이야기를 들어주고 껴안아 줄 수 있음
- 언니의 친구들: 언니(고인)를 잘 알고 이야기 나눌 수 있음
- __________
- __________
- __________
- __________

나만의 새로운 기념일

❖ 기일이나 기념일을 새로운 의미와 느낌으로 맞이할 수 있도록 준비해 보자. 또한 고인을 기리고 현재에 전념할 수 있는 새로운 기념일도 만들어 보자.

1) 기일, 기념일

- 동생(고인)의 생일: '언니가 태어나서 나와 소소한 귀한 추억들을 만들 수 있던 시작'
- 동생의 기일: '이전에는 슬퍼하고 아무것도 하고 싶지 않은 날이었지만, 이제는 동생이 하늘에서 특별히 내려와 나와 더욱 가깝게 머물러 있는 날'
-
-

2) 새로운 기념일

- 매주 토요일: 동생과 함께 만들기 놀이를 하던 날을 이제는 동생을 위한 종이접기를 혼자 또는 가족원들과 매주 하면서 동생에게 선물 주기 활동
- 여행 날짜(특정 날짜로 정하거나 계획하기): 세계여행을 다니고 싶다던 동생의 소망을 기억하고 다니는 곳마다 동생에게 엽서를 쓰는 의식
-
-

애도 감정 표현 돕기 개입 연습

❖ 예문을 참고하여, 아동이 감정을 표현할 수 있도록 아동의 상황에 맞는 내용을 작성해 봅시다.

- 아이 상황 1. ______________________________
  - 감정 표현 돕기: ______________________________

____

____

____

- 아이 상황 2. ______________________________
  - 감정 표현 돕기: ______________________________

____

____

____

- 아이 상황 3. ______________________________
  - 감정 표현 돕기: ______________________________

____

____

____

부록 20

걱정 벽 활동 안내

아동이 자신의 걱정을 안전하게 이야기하고 걱정을 자신 밖으로 꺼내는 방법으로 사용할 수 있다.

❖ 활동 절차

1) 치료자는 상담 공간의 벽이나 문을 '걱정 벽'으로 지정한다.

2) 아동에게 자신의 걱정을 적거나 그림을 그리도록 한다.

3) 걱정이 적히거나 그린 종이를 봉투에 넣어서 걱정의 크기나 강도에 따라 벽에 붙이도록 한다.

4) 걱정이 크면 벽 맨 위에 붙이고, 작으면 아래쪽에 붙인다. 걱정의 크기나 강도에 따라 걱정 종이를 붙이는 위치를 아동이 정할 수도 있다.

5) 아동은 얼마나 걱정을 했는지에 따라 걱정을 붙인 자리를 매주 옮길 수 있다.

출처: Pomeroy & Garcia, 2019

부록 21

걱정 벽 활동지

1. 나의 걱정은 무엇인가요?

-
-
-
-
-

2. 걱정의 크기는 어떻게 되나요? (1~100점)

3. 걱정의 강도는 어떻게 되나요? (1~100점)

부록 22

풍선 두 개 활동 안내

풍선 두 개 활동을 통해 아동은 고인에 대한 기억과 다른 측면들도 많이 남아 있지만, 고인의 죽음으로 인해 상호작용하는 관계의 특성도 사라졌다는 것을 알 수 있다.

❖ 활동 절차

1) 아동은 풍선 두 개가 있는 그림을 받는다.

2) 그림에 있는 풍선 중 하나는 공중에 떠다니고, 다른 하나는 땅에 고정되어 있다.

3) 떠다니는 풍선은 아동이 상실하고 잃어버린 것이고, 땅에 있는 풍선은 고인에 대한 기억, 아동이 여전히 고인에 대해 소유하고 있는 것을 말한다.

4) 아동은 고인과의 관계에서 자신이 잃어버리고, 지금도 소유하는 것을 묘사하는 단어들로 채우도록 한다.

부록 23

풍선 두 개 활동지

1. 떠다니는 풍선에 있는 것은 무엇인가요? 어떤 것을 잃어버렸나요?

-
-
-
-

2. 땅에 있는 풍선에 있는 것은 무엇인가요? 어떤 것을 간직하고 있나요?

-
-
-
-

찾아보기

ㄴ

ㄷ

ㄹ

ㅁ

ㅂ

ㅅ

ㅇ

ㅈ

참고문헌

강현숙, 이동훈 (2017). 한국판 지속비애 척도의 타당화 연구. 한국심리학회지: 상담 및 심리치료, 29(4), 1027-1052.

김혜진, 송인한 (2020). 한국어판 복합비애척도(K-ICG)의 타당화 연구. 사회융합연구, 4(4), 51-61.

박지은, 강영신, 이혜지 (2019). 한국판 Hogan 애도 반응 척도의 타당화 연구. 상담학연구, 20(5), 175-197.

서청희, 이성규 (2019). 부모를 자살로 상실한 청소년의 경험에 관한 내러티브 탐구. 한국청소년연구, 30(4), 97-129.

American Psychiatric Association. (2022). 정신질환의 진단 및 통계 편람 5판 개정판 (권준수, 김붕년, 김재진 등 번역). 학지사. (원서 출판 2022)

Begley, M., & Quayle, E. (2007). The lived experience of adults bereaved by suicide: A phenomenological study. *Crisis*, *28*(1), 26-34.

Bowen, M. (1978). *Family therapy in clinical practice*. Northvale, Jason Aronson, Inc.

Boyd, R. C., Polanco-Roman, L., & Hernandez, M. (2021). Parental and family history of suicidal behaviors and psychopathology and suicide-related risk in youth offspring. In R. Miranda & E. L. Jeglic (Eds.), *Handbook of youth suicide prevention: Integrating research into practice* (pp. 75–85). Springer Nature Switzerland AG.

Cerel, J., & Roberts, T. A. (2005). Suicidal behavior in the family and adolescent risk behavior. *Journal of Adolescent Health*, *36*(4), 352.e8-352.e14.

Christ, G. H. (2000). *Healing children's grief: Surviving a parent's death from cancer*. Oxford University Press.

Cohen, J. A., Mannarino, A. P., & Deblinger, E. (2023). 아동·청소년 외상 및 외상적 애도 치유하기(이혜지 & 강영신, 역). 사회평론아카데미. (원서 출판 2017)

De Spuches, G., & Guida, C. (2019). Expressions of grief and mourning in Italy. *Journal of Italian Studies*, *35*(1), 112-128.

Doka, K. J. (1999). Disenfranchised grief. *Bereavement Care*, *18*(3), 37-39.

Dyregrov, A. (2008). *Grief in children: A handbook for adults* (2nd ed.). Jessica Kingsley Publishers.

Freeman, S. J. (2005). *Grief and loss understanding the journey*. Thomson/Brooks/Cole.

Garcia, R. B., & Pomeroy, E. C. (2021). *Trauma and grief assessment and intervention: Building on strengths*. Routledge.

Goldman, L. (2000). *Life & loss: A guide to help grieving children* (2nd ed.). Accelerated Development.

Goldman, L. (2006). *Children also grieve: Talking about death and healing*. Jessica Kingsley Publishers.

Greenberg, L. S. (2017). *Emotion-focused therapy*. (Rev. ed.). American Psychological Association.

Guzzo, M. F., & Gobbi, G. (2021). Parental death during adolescence: A review of the literature. *Journal of Death and Dying*, *87*(4), 1207-1237.

Holmes, J. (2014). *John Bowlby and attachment theory*. Routledge.

Ingram, B. L. (2011). *Clinical case formulations: Matching the integrative treatment plan to the client*. John Wiley & Sons.

Kubler-Ross, E. (1969). *On death and dying*. Macmillan.

Lindemann, E. (1944). Symptomatology and management of acute grief. *American Journal of Psychiatry*, *101*(2), 141-148.

Masferrer, L., Mancini, A. D., & Caparrós, B. (2020). Understanding the relationship between complicated grief symptoms and patterns of personality disorders in a substance users' sample: A network analysis approach. *Frontiers in Psychology*, *11*, 1-8.

Melhem, N. M., Porta, G., Shamseddeen, W., Payne, M. W., & Brent, D. A. (2011). Grief in children and adolescents bereaved by sudden parental death. *Archives of General Psychiatry*, *68*(9), 911-919.

Mitchell, A. M., Kim, Y., Prigerson, H. G., & Mortimer-Stephens, M. (2004). Complicated grief in survivors of suicide. *Crisis*, *25*(1), 12-18.

Neimeyer, R. A. (2000). *Lessons of loss: A guide to coping*. Center for the Study of Loss and Transition.

Pitman, A. L., Osborn, D. P., Rantell, K., & King, M. B. (2016). Bereavement by suicide as a risk factor for suicide attempt: a cross-sectional national UK-wide study of 3432 young bereaved adults. *BMJ Open*, *6*(1), 1-11.

Provini, Jessica R., Everett, Cynthia R., Pfeffer, C. (2000). Adults mourning suicide: Self-reported concerns about bereavement, needs for assistance, and help-seeking behavior. *Death Studies*, *24*(1), 1-19.

Rycroft, F., & Perlesz, A. (2001). Speaking the unspeakable: Reclaiming grief and loss in family life. *Australian and New Zealand Journal of Family Therapy*, *22*(2), 57-65.

Saleebey, D. (2006). *The strengths perspective in social work practice* (4th ed.). Pearson Education.

Silverman, P. R., & Worden, J. W. (1992). Children's reactions in the early months after the death of a parent. *American Journal of Orthopsychiatry*, *62*(1), 93-104.

Sperry, L., & Sperry, J. (2012). *Case conceptualization: Mastering this competency with ease and confidence*. Routledge.

Stroebe, M., & Schut, H. (1999). The Dual process model of coping with bereavement: Rationale and description. *Death Studies*, *23*(3), 197-224.

Worden, J. W. (1983). Psychosocial screening of cancer patients. *Journal of Psychosocial Oncology*, *1*(4), 1-10.

Worden, J. W. (1996). *Children and grief: When a parent dies*. Guilford.

Worden, W. (2018). *Grief counseling and grief therapy: A handbook for the mental health practitioner* (5th ed.). Springer.

Zisook, S., Chentsova-Dutton, Y., & Shuchter, S. R. (1998). PTSD following bereavement. *Annals of Clinical Psychiatry*, *10*(4), 157-163.

저자 소개

이혜지 | 전남대학교 심리학과 강사, 마음자람연합심리상담센터 센터장

전남대학교 심리학과 (상담심리전공 심리학박사)

(전) 전남대학교 학생생활상담센터 객원상담원, 서영대학교 학생상담센터 전문상담사

고효경 | 전남대학교 학생생활상담센터, 남부대학교 학생상담센터 객원상담원

전남대학교 심리학과 (상담심리전공 박사 수료)

(전) 광주트라우마센터 상담원

정지연 | 전남대학교 학생생활상담센터, 남부대학교 학생상담센터 객원상담원

전남대학교 심리학과 (상담심리전공 박사 수료)

(전) 광주광역시 남구 청소년상담복지센터 상담원

강영신 | 전남대학교 심리학과 교수

Northeastern University (상담심리전공 철학박사)

(전) 전남대학교 학생생활상담센터 센터장